Ulrike Scharner

EDELSTEINE

Heilkräfte, die aus der Erde kommen

Verlag Asinel

Copyright	© 1993 by Verlag Asinel Ulrike Scharner Kaiserstraße 23 D-31785 Hameln
	2. korr. und erw. Auflage 1993
Lektorat	Claus Scharner
Umschlaggestaltung	Rolf Schatzberg, Lothar Schubert
Fotos	Dietrich Halemeyer, Bielefeld
Textverarbeitung und Gestaltung	biogenial-Naturprodukte Lothar Schubert, D-79115 Freiburg
Illustrationen	Lothar Schubert
Belichtung	Publishing etc., Freiburg
Druck	Druck- und Verlagshaus J. C. Erhardt GmbH, Springe
buchbinderische Verarbeitung	Buchbinderei Büge, Celle

ISBN 3-9803353-2-1

Inhaltsverzeichnis

Vorwort zur 1. Auflage

Mit dem vorliegenden Buch komme ich den Wünschen vieler Menschen entgegen, die in übersichtlicher Weise die weitreichende Wirkungsweise der Edelsteine dargelegt haben möchten. Ich entspreche diesem Wunsche gerne, weil es in der Zwischenzeit eine Fülle von Publikationen über Edelsteine gibt, die so unterschiedlich akzentuiert sind, daß die Schaffung eines sachlichen Überblickes nur mit einem hohen zeitlichen Aufwand erlangt werden kann, einem Aufwand, dem sich viele nicht stellen können. In diesem nun vorliegenden Band können die interessierten Leser/innen über ein Kompendium verfügen, das sich aus einer vergleichenden Durchsicht einerseits und meinen Erfahrungen als Edelsteinberaterin andererseits entwickelte.

Während der Lektüre wird der Leser feststellen, daß ich in bestimmten Passagen des Buches eine recht persönliche Ansprache getroffen habe. Ich bin davon überzeugt, daß gewisse Bereiche des Lebens nur auf einer vertraulichen Ebene an- und ausgesprochen werden können. In diesem Sinne mag dieses Buch als eine vertrauliche Übereinkunft mit all jenen angesehen werden, die **DEN WEG** zum Urgrund allen Seins nicht unerforscht lassen wollen.

An dieser Stelle möchte ich allen Dank sagen, die mich zum Schreiben dieses Buches angeregt und ermuntert haben. Besonders zu Dank verpflichtet bin ich Ursel Meier-Bothling, Heidrun Winkler, Dirk Müller und Henry Dettmers, die mir bei den Photos, der Korrektur und der Datenverarbeitung geholfen haben.

Ich danke meinem Mann und meinen beiden Kindern, die mir durch Liebe und praktische Hilfe die äußeren Bedingungen zum unbeschwerten Arbeiten schufen.

Vorwort zur 2. Auflage

Als vor etwas mehr als einem halben Jahr dieses Buch in der Erstauflage von 5.000 Exemplaren vorlag, konnte ich nicht ahnen, daß es so schnell zu einer zweiten Auflage kommen würde.

Nun freue ich mich, eine Auflage anbieten zu können, die um einen mineralogischen Anhang ergänzt wurde, den Peter Prüfer für mich schrieb.

Neben drucktechnischen Korrekturen habe ich am Text nur Änderungen vorgenommen, die dem besseren Verständnis einiger Sprachwendungen dienen.

Geleitwort zur 2. Auflage

Obwohl kein großer Verlag Name und Markteinfluß eingebracht hat und der Buchhandel übersättigt ist mit Büchern dieses Themenkreises, erscheint das vor Ihnen liegende Buch innerhalb kürzester Zeit in der zweiten Auflage.

Das ist ein hoffnungsvolles Signal, zeigt es doch, daß sich das wahre Wissen, gepaart mit hoher fachlicher Qualität seinen Weg sucht und alle erreicht, die danach suchen.

Die Autorin verfügt über ein jahrzehntelang geschultes, tief fundiertes Wissen über die Energie der Steine, sowie über umfangreiche, wissenschaftlich aufgearbeitete therapeutische Erfahrung als Edelsteinberaterin.

Man möchte sich also dem Buch blind anvertrauen. Und genau hier liegt meines Erachtens der größte Wert der Texte, gerade das wird verhindert. Die gemachten Aussagen werden klar als Hinweise, Anregungen, Hilfestellungen ausgewiesen für alle, die sich auf dem unbequemen Weg befinden, sich selbst ein eigenes Urteil zu bilden, jenseits von Mode und Leichtgläubigkeit.

Alles andere führt denn auch unweigerlich zu Enttäuschungen, ja, es birgt sogar eine Gefahr für beide Seiten: Dem Ratgeber würde alle Verantwortung aufgebürdet, dem Ratsuchenden jede geistige Freiheit und Entwicklungsmöglichkeit genommen.

Nur wenige Therapieformen eignen sich zur Selbstbehandlung so gut wie die Edelsteine. Deshalb möchte ich Sie als Leser und Anwender ermuntern: Benützen Sie unvoreingenommen das in diesem Buch angebotene Wissen. Dieses eigene, innere Wissen mag dann wetteifern mit der Strahlkraft der schönsten Steine dieser Welt.

Irma Fehr-Knüppel
Ärztin - Homöopathie

Einleitung

Für alle, die gesund bleiben oder werden wollen, gibt es in der Naturheilkunde einen reichen Schatz an Methoden und Mitteln.

Ein Mosaiksteinchen im Bereich der Naturheilkunde ist das Wissen um die Schwingungen der Edelsteine, die die Selbstheilungskräfte des menschlichen Körpers wecken und anregen. Es gilt, Körper, Geist und Seele in Einheit zu bringen und ein harmonisches Zusammenspiel aller Organe untereinander zu erreichen.

Die Edelsteinmedizin ist nicht die Rivalin der Schulmedizin und anderer Naturheilverfahren; sie ersetzt auch nicht den erfahrenen Arzt, sondern könnte als ideale Ergänzung angesehen werden und bei jeder Therapie unterstützen und Lücken füllen. Da jede Persönlichkeit anders auf Energien reagiert, ist es möglich, daß hin und wieder ein Stein nicht den erwünschten Erfolg zeigt oder nur unvollkommene Heilung bringt. Dann sollten andere Heilweisen eingesetzt werden. Die Anwendung von Edelsteinen hat allerdings häufig vollständige Erfolge erzielt, wo Persönlichkeiten nach dem Einsatz mehrerer anderer Heilmethoden keine Linderung oder Heilung erfuhren.

Der feinstoffliche Kreislauf

Edelsteine sind Mineralien, die sich durch Glanz, Farbe, Härte, Beständigkeit, Seltenheit usw. auszeichnen, d.h. sie können anhand eindeutiger Kriterien mineralogisch bestimmt werden.

Der Wert eines Edelsteines als Schmuckstein wird wesentlich von den Faktoren Härte, Gewicht, Durchsichtigkeit und Art des Schliffes bestimmt.

Ein weiterer Aspekt des Edelsteines ist seine Heilkraft. In Deutschland wußte schon Hildegard von Bingen von dieser Heilkraft der Steine, und sie empfahl, Steine aufzulegen oder „Steinelixiere" einzunehmen. Wie nun wirkt der Edelstein auf den menschlichen Organismus? Hierzu muß zunächst angemerkt werden, daß der menschliche Körper von einem Energiefeld umgeben ist. Dieses Energiefeld besteht aus Frequenzschichten, die man als die Aura bezeichnet. Schon die Pythagoräer wußten diese Energie zu bestimmen, und Wissenschaftler wie Paracelsus, Reichenbach, Maxwell, Mesmer u.a. erforschten intensiv dieses energetische Umfeld des menschlichen Körpers.

In dieser Aura befinden sich Wirbel, Energiezentren, die in Sanskrit „Chakren" genannt werden. Die Chakren sind Verbindungspunkte zwischen allen feinstofflichen Körpern des Menschen. Jedes Chakra unterscheidet sich mit seinem spezifischen Schwingungsfeld vom anderen. Zum Beispiel ist im unteren Körperbereich eine langwellige Rotschwingung und im oberen Bereich eine kurzwellige Blauschwingung zu erkennen.

Es gibt insgesamt sieben Chakren:

1. Chakra

Wurzelchakra — Rot
Selbsterhaltungstrieb, Lebenswille

Allgemein positive Bedeutung:
Lebenswille, Selbsterhaltungstrieb, Verwurzelung, Urvertrauen, Geborgenheitsgefühle, Bodenständigkeit, Selbstvertrauen, Durchsetzungskraft.

Körperliche Region:
Das Wurzelchakra befindet sich im Damm hinter den Geschlechtsorganen. Hier ist die Kundalini-Energie verborgen.

Versorgt mit feinstofflicher Energie:
Geschlechtsorgane, Beine, Füße, Wirbelsäule, Knochen, Zähne, Nägel, Darm, Zellaufbau, Blut, Nebenniere.

Unterstützende Edelsteine:
Achat, Hämatit, Jaspis, Granat, Rubin, Koralle, Bergkristall.

Bei einem gestörten Wurzelchakra können folgende Krankheiten auftreten:
Kraftlosigkeit, mangelnde Ausdauer, Darmstörungen, Hämorrhoiden, unfreiwilliges Wasserlassen, Lähmungen an den Beinen, häufige Knochenbrüche, Krampfadern, offene Beine, trotz guter Pflege schlechte Zähne, Steißbeinprobleme, Hautprobleme, tiefe Unzufriedenheit.

Neben den sieben Hauptchakren, die einen vorderen (Brustseite) und einen hinteren (Rückenseite) Aspekt haben, gibt es noch 21 Nebenchakren.

Die Chakren haben einen Durchmesser von ca. 7 cm und befinden sich in der ersten Energieschicht um unseren Körper, 3 cm vom Körper entfernt. Die zwei Nebenchakren in den Handinnenflächen sind besonders wichtig für das Heilen und das erste Wahrnehmen der Aura bei Menschen, Pflanzen und Tieren.

Durch unsere Wirbelsäule bewegt sich nun ein Hauptkraftstrom, der beständig auf- und abwärts fließt. Am untersten Ende dieses Kraftstromes befindet sich das Wurzelchakra, am obersten das Kronenchakra. Sie bilden ein sich ergänzendes Paar mit komplementären oder polaren Eigenschaften. Alle anderen Chakren sind ebenso paarweise angeordnet, wobei sie aber ihrer Lage entsprechend nach vorne oder hinten gerichtet sind.

Alle Chakren fungieren als Schleuse zwischen den verschiedenen Schichten der Aura, d.h. jedes Chakra hat sieben Ebenen, und auf jeder dieser Ebenen gibt es eine sogenannte Öffnung. Sind bei einem Menschen alle Chakren auf allen Ebenen geöffnet, dann ist er durchlichtet oder erleuchtet.

Der Gesundheitszustand eines Menschen läßt in jedem Fall Rückschlüsse auf die Qualität oder Intensität des Energieflusses durch die Chakren zu. So kann gesagt werden, daß die Chakren die Aufgabe haben, den Menschen mit Lebensenergie zu versorgen.

Die erste Form von Energie nun wird als biochemischer Vorgang durch die Nahrungsaufnahme dem Menschen zugeführt (Primärenergie).

Die Sonnenenergie, die über das Licht vermittelt wird, erreicht den Menschen durch feine Vitalitätskügelchen (indisch: Prana). Diese zweite Form der Energieaufnahme geschieht durch das Scheitelchakra, durch den Solarplexus und über den Atem.

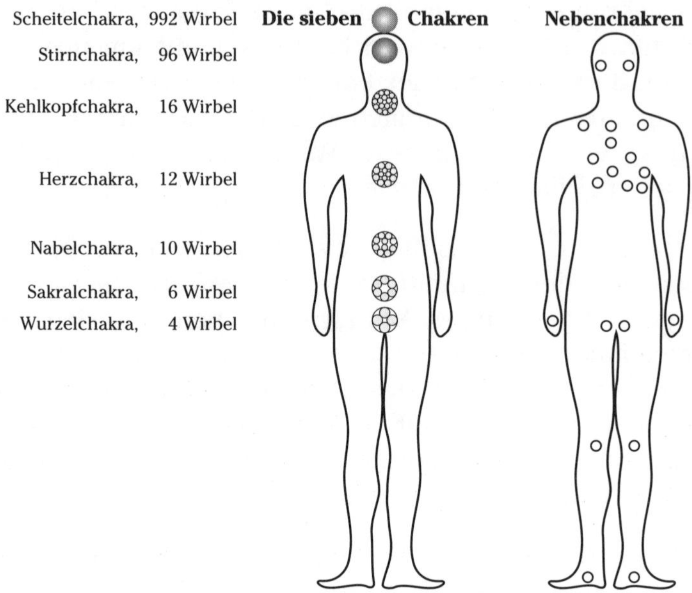

Die Hauptchakren in der Vorder- und Seitenansicht

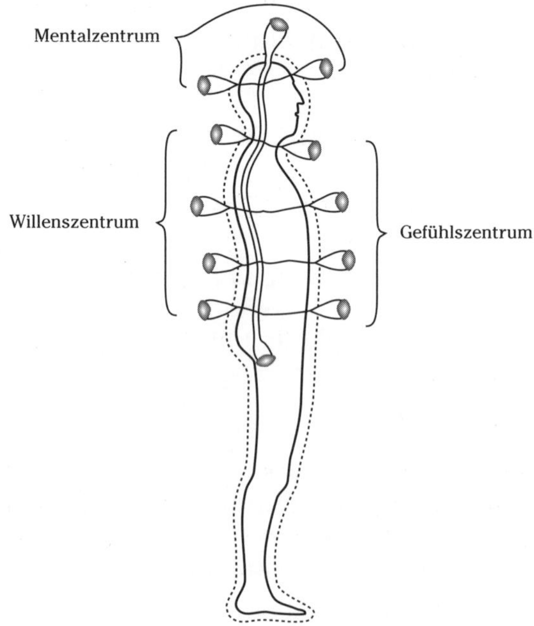

Hochfrequente Schwingungen, die aus dem Erdinneren bis an die Erdoberfläche dringen, gelangen über das Wurzelchakra und über Nebenchakren der Fußsohlen als dritte Energieform zum Menschen.

Wie konsequent sich der Mensch dieser Energiezufuhr entzieht, wird durch Betonbauten, Teerstraßen, Gummisohlen und synthetische Teppiche belegt. Dabei weiß jeder, wie vitalisierend das Kneipplaufen, das Wattwandern und das barfüßige Spazieren über taufrische Wiesen ist. Nehmen wir die Energie der Erde wieder natürlich auf, stärken, ja heilen wir unseren Körper, denn das Wurzelchakra versorgt mit feinstofflicher Energie Wirbelsäule, Haare, Zähne, Fingernägel, Dickdarm, Anus, Prostata und Beine.

Die feinstoffliche Energie (Prana) zirkuliert durch Kanäle (Nadi), die an der Wirbelsäule entlang laufen. Überschüssige Energie tritt aus den Chakren und Poren nach außen und bildet die erste Schicht der Aura, auch Äther-Körper genannt. Die zweite Schicht der Aura bezeichnet man als Astral- oder Emotionalschicht. Zusammen werden diese beiden Schichten Gesundheitsaura genannt.

Die Gesundheitsaura stellt sich wiederum in meß- und sichtbaren Schwingungen dar, wodurch alle Erkrankungen (seelisch - geistig - organisch) erfaßbar werden. Bildlich gesprochen bedeutet das, daß die Gesundheitsaura je nach Krankheit Deformationen aufweist, Löcher, Ausbuchtungen, Wirbel an deplazierter Stelle und Störungen an den Chakren.

Ein Edelstein hat durch seine Molekularstruktur und seine gewachsenen Kristallgitter ein je nach Größe entsprechendes feinstoffliches Energiefeld. Diese hochfrequenten Schwingungen dringen in das Aurafeld ein und bewirken einen Ausgleich der Störung. Dadurch entsteht wiederum eine Rückwirkung auf den physischen Körper.

Das heißt, daß der Edelstein kein Medikament ist, sondern eher ein Katalysator, der als Zweitursache über die Chakren und über das Aurafeld den physischen Körper erreicht.

Wenn dem Körper nicht genügend feinstoffliche Energie zur Verfügung steht — primär durch wertvolle Nahrung, Sonnenenergie und Erdenergie — hilft der Edelstein, auf natürliche Weise Energiedefizite auszugleichen und zu harmonisieren.

2. Chakra

Sakralchakra — Orange
Sexualität, Zeugungskraft, Kreativität, Energie

Allgemein positive Bedeutung:
Fruchtbarkeit, Produktivität, Spontaneität, Kreativität, Genuß, Vergnügen, allgemeines Wohlbefinden, Empfänglichkeit, Offenheit, Freude am Leben und an der Schöpfung.

Körperliche Region:
Eine Handbreit unter dem Nabel.

Versorgt mit feinstofflicher Energie:
Darm, Dünndarm, Fortpflanzungsorgane, Hände, Unterarm, Blase, Verdauungssäfte, Keimdrüsen, Eierstöcke, Prostata, Hoden.

Unterstützende Edelsteine:
Karneol, Mondstein, Achat, Jaspis, Citrin, Bergkristall.

Bei einem gestörten Sakralchakra können folgende Krankheiten auftreten:
Schlafstörungen, Darmstörungen, Unterleibsstörungen,

Todesängste, übertriebene Absicherung, Unfähigkeit zum Neinsagen, Nierenversagen, Blasenprobleme, Sexualprobleme, Hysterie.

3. Chakra

Solarplexus (Sonnengeflecht) — Gelb
Intellekt-Empfindungen, Ausdruck der Persönlichkeit

Allgemein positive Bedeutung:
Konzentration, Gleichgewicht, Freude, Kraft, Wärme, Durchsetzungskraft, Persönlichkeit, Streben nach Anerkennung, Fähigkeit der Verteidigung im Sinne von Aggressionsbewältigung.

Körperliche Region:
Unterhalb des Brustbeins über dem Magen.

Versorgt mit feinstofflicher Energie:
Rücken, Bauch, Leber, Magen, Ellenbogen, Oberarm, Gallenblase, vegetatives Nervensystem, Nieren.

Unterstützende Edelsteine:
Tigerauge, Bernstein, Topas, Bergkristall, Citrin und Diamant.

Bei einem gestörten Solarplexus können folgende Krankheiten auftreten:
Leberschäden, Magenkrämpfe, Magengeschwüre, Nierenprobleme, Minderwertigkeitsgefühle, Hochmut, Depressionen, kein Selbstbewußtsein, Gier, Machtmißbrauch, Hypersensitivität.

4. Chakra

Herzchakra — Grün
Harmonie, Herzenswärme, Lebenskräfte

Allgemein positive Bedeutung:
Soziales Bewußtsein, höhere Werte, Offenheit, Aufrichtigkeit, Herzlichkeit, Großzügigkeit, selbstlose Liebe, Solidarität.

Körperliche Region:
Mitte des Brustbeins.

Versorgt mit feinstofflicher Energie:
Herz, Lungen, Brustkorb, Haut, Schultern.

Unterstützende Edelsteine:
Rosenquarz, Turmalin, Kunzit, Smaragd, Amazonit, Malachit, Aventurin, Dioptas, Olivin, Bergkristall und Chrysopras.

Bei einem gestörten Herzchakra können folgende Krankheiten auftreten:
Lungenkrankheiten, Herzprobleme, Schultergelenkschmerzen, schnelles Beleidigtsein, Herzlosigkeit, Teilnahmslosigkeit, Mißtrauen, Negativität, Gefühllosigkeit, Verschlossenheit.

5. Chakra

Hals- oder Kehlkopfchakra — Blau
Inspiration, Kommunikationsfähigkeit

Allgemein positive Bedeutung:
Geistige Klarheit, gedankliche Ordnung, Kommunikationsfähigkeit, Austausch von höherer Weisheit, Unterscheidungsvermögen, Humor, Wachstumsbereitschaft, Transformationsfähigkeit.

Körperliche Region:
Kehlkopf

Versorgt mit feinstofflicher Energie:
Schilddrüse, Stimmbänder, Luft- und Speiseröhre.

Unterstützende Edelsteine:
Aquamarin, Chalcedon, Türkis, Amazonit und Chrysokoll.

Bei einem gestörten Halschakra können folgende Krankheiten auftreten:
Schilddrüsenerkrankung, Heiserkeit, „Kloß im Hals", Stottern, ungeschliffene Sprechweise, zu sachlich und kühl im Verhalten und in der Sprache, die Verbindung von „Herz" und „Kopf" ist gestört.

6. Chakra

Stirnchakra (Drittes Auge) — Indigo
Intuition

Allgemein positive Bedeutung:

Ganzheitliches Erkennen, Zusammenhänge begreifen, übergeordnete Koordinationszentrale, übersinnliche Wahrnehmung.

Körperliche Region:

Zwischen den Augenbrauen.

Versorgt mit feinstofflicher Energie:

Gehirn, Augen, Ohren, Gesicht, Nebenhöhlen, Kleinhirn, Hirnanhangdrüse.

Unterstützende Edelsteine:

Lapislazuli, Saphir, Sodalith und Bergkristall.

Bei einem gestörten Stirnchakra können folgende Krankheiten auftreten:

Augenerkrankungen, Seh- und Hörstörungen, Bluthochdruck, intellektuelle Überheblichkeit, „Kopflosigkeit", Nebenhöhlenerkrankungen.

7. Chakra

Scheitelchakra — violette Farbe
Kosmisches Bewußtsein, Spiritualität

Allgemein positive Bedeutung:
Erleuchtung, Kontakt zum höheren Selbst, Kosmisches Bewußtsein, Konzentration, meditativ, kontemplativ.

Körperliche Region:
Über dem Scheitel.

Unterstützende Edelsteine:
Diamant, Amethyst, Bergkristall.

Bei einem gestörten Scheitelchakra können folgende Krankheiten auftreten:
Migräne, Bluthochdruck und Geisteskrankheiten.

Die Aura

Unsere Aura besteht aus sechs verschiedenen Frequenzschichten oder feinstofflichen Körpern. Wir sind also von einem zu uns gehörenden Energiefeld umgeben, und jede Schicht ist nach außen hin feiner und durchlässiger als die vorherige.

Alle Schichten zusammen haben je nach Art der Persönlichkeit, einen eigenen Urton oder Grundton. Die Verbindungspunkte zwischen allen feinstofflichen Körpern sind eben jene Chakren, die Energietore. Jedes Chakra besteht aus sieben Ebenen (vgl. Abbildung S. 27).

Die Energie fließt über die Chakren von einer Ebene zur nächsten, doch sind bei den meisten Menschen die Energietore auf den höheren Ebenen geschlossen. Sie öffnen sich durch spirituelle Reinigungen. Um das zu verstehen, muß einem bewußt sein, welche Aufgaben die feinstofflichen Körper in Wechselbeziehung mit den Chakren haben.

1. Der Äther-Körper

1. Frequenzschicht

Der Äther-Körper ist ein feiner Zustand zwischen Energie und Materie. Er hat die gleiche Struktur wie der physische Körper. Unser materieller Körper kann nur durch dieses Kraftfeld leben. Wenn Deformationen in diesem Kraftfeld existieren, hat das Auswirkungen auf den physischen Körper. Der Äther-Körper durchdringt uns und reicht 1 bis 5 cm über den physischen Körper hinaus. Die Farbe dieses Lichtkörpers ist grau bis durchscheinend hellblau. In ihm öffnen sich die Chakren auf der ersten Ebene.

2. Der Emotional- oder Astral-Körper

2. Frequenzschicht

Der nächst feinere Körper, die zweite Frequenzschicht, ist der Emotional- oder Astral-Körper. Er reagiert auf unsere Gefühlswelt. Er sitzt wie ein genau angepaßter zweiter Körper in unserem physischen Körper und hat eine Aura, die mit einer Schicht von 3 bis 30 cm unseren Körper einhüllt. Dieser Astral-Körper besteht aus feinstofflichen vielfarbigen Wolken, die in ständiger Bewegung und Veränderung sind und auch unseren physischen Körper durchdringen.

Die Farben reichen von hellsten, zartesten und klarsten Tönen in allen Regenbogenfarben bis trüb-grau und dunkelfarben. Jedes Gefühl, jede Energie, die ausgedrückt wird, ob Freude, Haß, Liebe, Erregung, Abscheu oder Zorn, zeigt sich in diesen Farbwolken. Je mehr ein Mensch sein Bewußtsein der Liebe, Güte und Freude öffnet, desto transparenter und klarer sind die Farben seiner Emotionalaura.

3. Der Mental-Körper

3. Frequenzschicht

Der Mental-Körper besteht aus noch feineren Schwingungen als die vorher genannten Körper. Er hat eine Reichweite von ca. 1 Meter über unseren Körper hinaus und ist gelb in unterschiedlicher Helligkeit. Die Struktur unserer Ideen, in unterschiedlichen Gedankenformen und Mustern, wird in seinem Feld sichtbar. Es hängt von der Entwicklung der Chakren auf dieser Ebene ab, inwieweit wir uns öffnen können für kosmische Gedankenimpulse, die dann, aufgefangen über die Chakren, zu unserem physischen Verstand weitergeleitet werden. Dort werden sie umgesetzt, so daß wir die Impulse auf unsere konkrete Situation anwenden können.

Diese drei Körper sind, ihrer Energie entsprechend, der materiellen Welt zuzuordnen. Edelsteine „arbeiten" durch ihre spezifische Kraft in diesen drei Auraebenen und „räumen Steine" aus dem Weg.

Die drei folgenden Aurakörper bezeichnet man allgemein als spirituellen Körper.

1. Kausal-Körper
2. Buddhi-Körper } **Spiritueller Körper**
3. Atma-Körper

1. Der Kausal-Körper
Der Kausal-Körper ist der Sitz des Unbewußten, das heißt Träger aller nur möglichen von uns gelebten Informationen **(Buch des Lebens)**. Der Kausal-Körper ist sozusagen der Bauch unseres spirituellen Körpers.

2. Der Buddhi-Körper
Der Buddhi-Körper ist der Sitz der höheren Liebe des Ekstase-Körpers. Der Buddhi-Körper ist sozusagen das Herz unseres spirituellen Körpers.

3. Der Atma-Körper
Der Atma-Körper ist der Sitz unserer göttlichen Essenz, der Urfunke, der „Ich bin" Aspekt unseres Seins. Der Atma-Körper ist sozusagen der Kopf unseres spirituellen Körpers.

1. Physischer Körper	-	Feuer - Wasser - Luft - Erde
2. Äther-Körper	-	Elektrisch
3. Astral-Körper	-	Magnetisch
4. Mental-Körper	-	Sitz des Ego, der Persönlichkeit
5. Kausal-Körper	-	Organ des Geistes
6. Buddhi-Körper	-	Widerspiegelung des Geistes
7. Atmischer Körper	-	Ich bin, der ich bin

Der Zugang zu den höheren Schwingungsbereichen ist für viele Menschen geschlossen. Dann existiert eine Art Mauer, die energetisch in den Chakren sichtbar wird. Die Energie der göttlichen Liebe muß in uns entfaltet werden, so daß ein geistiges Feuer, das Feuer des „Herzens", diese Mauer öffnen kann. Durch Meditation, Gebet, Reinigung und selbstlose Liebe werden die Schleusen der Chakren auf allen Ebenen geöffnet, und der Zugang zu unserem wahren Sein, unserer göttlichen Bestimmung, ist eingeleitet. Wir sind zur Vollkommenheit berufen und haben Zugang zu allem, was in der Schöpfung existiert.

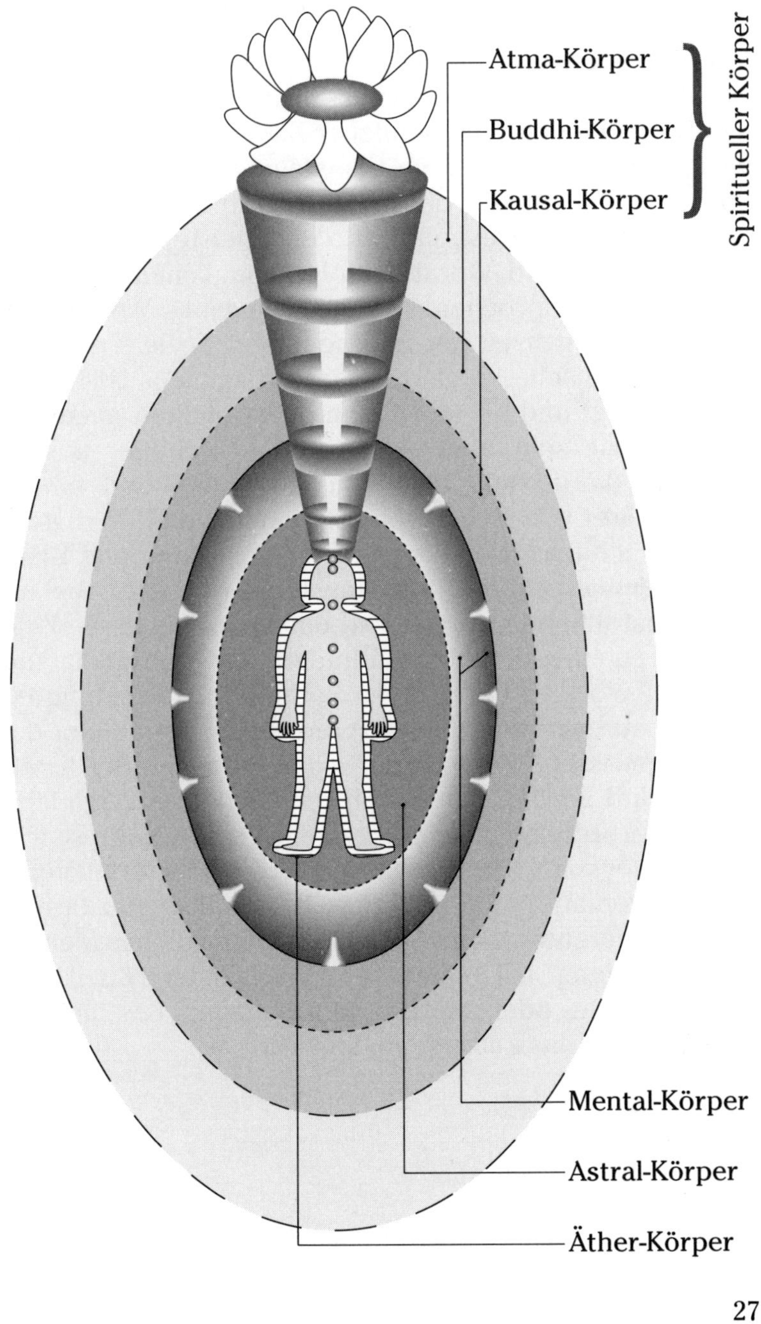
Atma-Körper
Buddhi-Körper
Kausal-Körper
Spiritueller Körper
Mental-Körper
Astral-Körper
Äther-Körper

Wortschwingungen und Edelsteine

Wie schon erwähnt, wirkt der Edelstein heilend aus einer Zweitursächlichkeit, gewissermaßen im Zusammenspiel verschiedener ursächlicher Energien. Höchste Heilwirkung wird erzielt, wenn Edelsteine in Verbindung mit sogenannten Worten der Kraft (Mantras) angewendet werden. Hier korrespondiert der Edelstein mit einer Schwingungs- und Vibrationsfolge von Tönen und Lauten, die als gesprochenes oder gesungenes Wort unser Ohr, unseren ganzen Körper und unsere Seele erreichen. Der physikalische Vorgang dieses Phänomens ist hinreichend belegt und für jeden zumindest bildhaft nachvollziehbar. Wie sehr aber Worte und Klangbilder unsere seelische Verfassung bestimmen, erahnen und fühlen wir als Hörer von Musik, von Ansprachen und Predigten. Und tatsächlich ist es die den Worten, Tönen und Klängen innenwohnende Schwingungskraft (Energie), die auf den feinstofflichen Körper und das Soma bis in die Zellstrukturen einwirkt. Wer nun in der Lage ist, Schwingungen von Wörtern und Namen unter der Anwendung eines selbstbewußten Willens zu erzeugen, der schafft damit in gewisser Weise ein Ab- oder Aufbauen der Kraftfelder. Und so hat sich durch mannigfaltige Vergleiche und Überprüfungen herausgestellt, daß Mantras wie „Kyrie Eleyson" (Herr erbarme Dich) oder „Halleluja" oder „Om mani padme hum" in beständiger Rezitation, transformierend wirken. Spricht man ein solches Mantra in Verbindung mit einem entsprechenden Edelstein, wird ein Licht- oder Energiefeld geschaffen, das immens reinigend auf das Zellsystem einwirkt.

Die Farben der Edelsteine

Vom weißen Licht ausgehend, welches durch ein Prisma fällt, entstehen die sieben Regenbogenfarben. Diese sieben Strahlen haben je verschiedene Eigenschaften und Geheimnisse. Da Licht nicht nur die Welt der Erscheinungen erhellt, sondern auch als Welle-Teilchen energetisch ist, wirkt es mit der Strahlungsart (kurz- bzw. langwellig) der Farben auf Körper, Seele und Geist ein. Nun hat jeder Edelstein eine spezifische Farbschwingung und eine spezifische ätherische Kraftschwingung.

Weiße Steine:
Sie reinigen den Körper und das ätherische, emotionale und mentale Feld um uns. Durch ihre Kraft erlangen wir Zugang zu göttlicher Liebe und Weisheit.

Violette Steine:
Sie fördern Kreativität, schöpferische Kraft, Frieden und Harmonie.

Hellblaue Steine:
Sie helfen, die Schwelle zu neuen Energien zu überbrücken. Sie macht uns sehend für die göttliche Welt. Die Christusliebe erwacht in uns und wir erfahren unsere wahre Berufung.

Türkisfarbene Steine:
Sie helfen uns, die verborgenen Schatzkammern unserer inneren Welt zu entschlüsseln. Sie schützen uns, damit nicht jeder diese inneren „Räume” aufsuchen und „berauben” kann.

Goldgelbe Steine:
Unsere erdgebundene Weisheit verwandelt sich in stetigem Wachstum zu göttlicher Weisheit. Unser Selbstvertrauen nimmt zu.

Rosa Steine:
Liebe und Schönheit, Einheit und Einfachheit sind die Botschaft der rosa Steine.

Rote Steine:
Sie entwickeln Lebendigkeit, Mut, Kraft und Selbstvertrauen.

Grüne Steine:
Sie entwickeln Harmonie und Ausgewogenheit. Harmonie ist die Voraussetzung, transzendentes Licht anziehen zu können. Licht ist ein Aspekt der Liebe Gottes.

Graue und braune Steine:
Sie entwickeln Geschicklichkeit und Erdung. Sie helfen, die Natur als ein Geschenk an den Menschen oder als einen Teil des Menschen zu verstehen.

Steinformen:

Schmeichelsteine:
Schmeichelsteine sind Steine, deren Kanten abgeschliffen worden sind und die in einer angenehmen, nicht zu großen Rund- oder Ovalform sehr gut in der Hand liegen.

Andere Bezeichnungen:
Trommelsteine, Handschmeichler.

Elixiere

Die Zubereitung von Edelsteinelixieren ist ein einfacher und angenehmer Prozeß. Der Vorgang ähnelt der Zubereitung von Blütenessenzen.

Erforderliche Gegenstände:

1.) Eine mittelgroße Schale aus Glas, die keine Verzierungen haben sollte.

2.) Eine Flasche zum Aufbewahren der Tinktur.

3.) Ein Trichter aus Glas.

4.) Etiketten zum Beschriften.

5.) Ein Edelstahl- oder Kupfertopf.

6.) Entmineralisiertes Wasser oder Quellwasser.

Reinige den Stein ca. 1 Stunde gründlich unter fließendem Wasser, oder lege ihn einen Tag in eine Glasschale mit Wasser und spüle danach den Stein unter fließendem Wasser ab. Der Stein sollte von allen Fremdstoffen befreit sein. Danach lege den Stein 2 Stunden in die Morgensonne oder 2 Stunden in eine Vollmondnacht (günstig wäre ein wolkenloser Himmel); der Mond sollte im Zenit oder zunehmend sein.

Lege den Stein ins Gras oder auf Holz, nicht auf Metall oder Beton, nicht an eine stark befahrene Autostraße.

In der Zwischenzeit reinige die Glasschale und die Flasche, koche dann die Gegenstände 10 Minuten aus.

Verwende einen großen Edelstahltopf oder Kupfertopf. Es ist günstig, neue, ungebrauchte Gegenstände für die Herstellung von Elixieren zu benutzen. Lege nun den Stein (vorher noch einmal abspülen) in die sterilisierte Glasschale und gieße abgekochtes und leicht abgekühltes entmineralisiertes Wasser oder Quellwasser über den Kristall. Achte wieder darauf, daß die Schale nur auf natürlichen Materialien steht.

Lege über die Schale Baumwollgaze oder eine Glasscheibe ohne Verzierungen. Stelle die Schale erneut für ca. 2 Stunden in die Morgensonne oder in eine Mondnacht. Danach fülle das Edelsteinelixier in die vorbereitete und beschriftete Flasche. Wenn Du möchtest, verwende zum Haltbarmachen Branntwein (ein Teil Branntwein, zwei Teile Wasser). Schüttele danach kräftig (10 mal). Wenn Du ein Elixier zubereitest und den Stein in die Sonne legst, werden vermehrt Yang-Kräfte frei, bei Vollmond vermehrt Yin-Kräfte. Die günstigste Zeit für die Zubereitung von Elixieren ist das Frühjahr.

Es findet bei der Herstellung eines Elixiers keine physische Übertragung statt, sondern eine ätherische Veränderung des Wassers.

Bei Mensch, Tier und Pflanze wird der Äther-Körper aktiviert und bereichert. Bei einer Untersuchung mit der Kirlianphotographie wurde ein Photo vor der Herstellung des Elixiers angefertigt. 2 Stunden später, nach der Fertigstellung des Elixiers und der Herausnahme des Edelsteines, wurde erneut ein Photo angefertigt.

Im zweiten Bild konnte eine schemenhafte Abbildung des Minerals erkannt werden sowie helle Lichtspuren im Wasser.

Folgende Edelsteine sind besonders geeignet, um Elixiere herzustellen:

Diamant, Bergkristall, Rosenquarz, Amethyst, Mondstein, Rubin, Smaragd, Saphir, Turmalin, Onyx.

Elixiere zum schnellen Gebrauch:
Lege einen gründlich gereinigten Stein 12 Stunden in Rotwein (1 Glas) oder abgekochtes Wasser. Bedecke den Stein mit der Flüssigkeit. Danach trinke vor dem Schlafengehen einige Schluck Rotwein oder dreimal täglich 2 - 3 Schluck Edelsteinwasser.

Zur äußeren Anwendung eines Elixiers kommen alle angegebenen Steine in Betracht und zusätzlich Malachit und Aventurin.

Bäder

Lege einige Steine in die Badewanne, bedecke sie mit Wasser und laß die Steine eine Stunde im Wasser liegen, danach fülle das Wasser auf zum Bad. Nimm die Steine während des Badens nicht heraus.

Umschläge

Gieße heißes, fast kochendes Wasser auf die Steine in eine Schüssel, warte, bis das Wasser abgekühlt ist; bereite dann die Umschläge.

Massagen

Allgemeine Massagen mit Steinen sind unbedenklich. Massiere immer in Uhrzeigerrichtung. Bei der Fußreflexzonenmassage mit Edelsteinen massiere jeden Reflexpunkt maximal 3 - 5 Minuten täglich (vgl. Abb. S. 34).

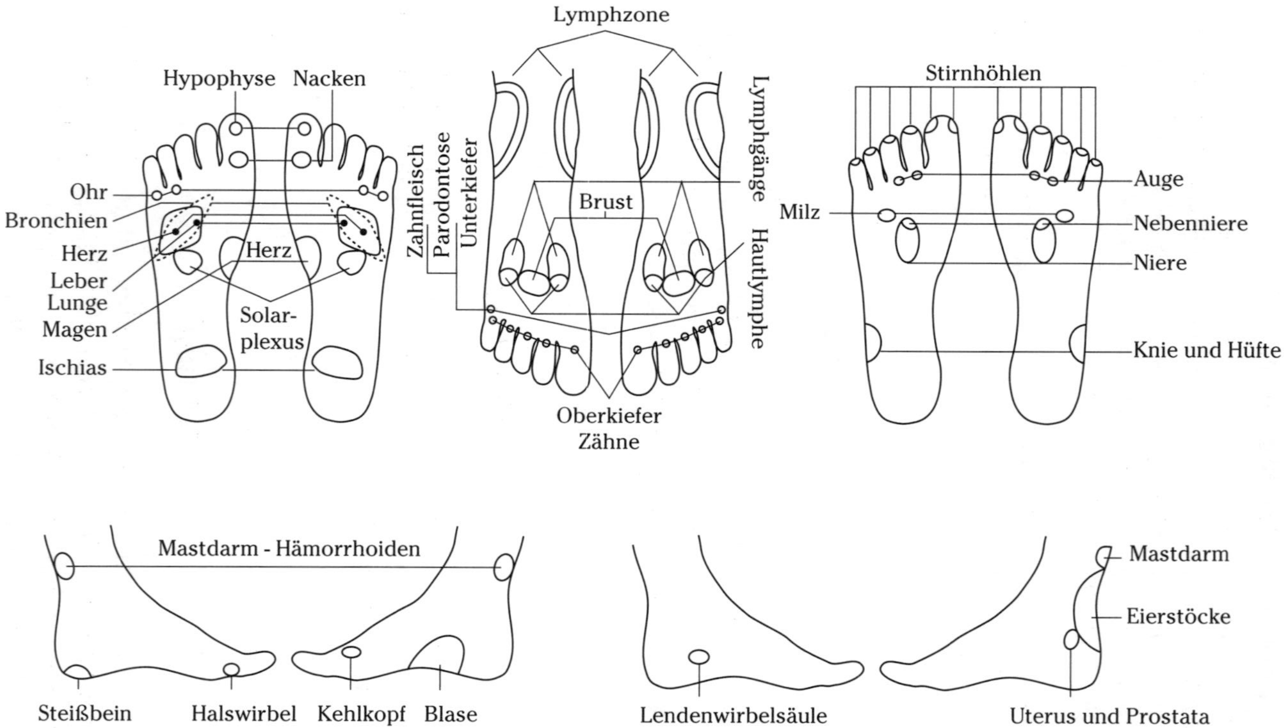
Hypophyse
Nacken
Ohr
Bronchien
Herz
Leber
Lunge
Magen
Ischias
Herz
Solar-
plexus
Lymphzone
Zahnfleisch
Parodontose
Unterkiefer
Brust
Lymphgänge
Hautlymphe
Oberkiefer
Zähne
Stirnhöhlen
Milz
Auge
Nebenniere
Niere
Knie und Hüfte
Mastdarm - Hämorrhoiden
Steißbein
Halswirbel
Kehlkopf
Blase
Lendenwirbelsäule
Mastdarm
Eierstöcke
Uterus und Prostata

Reinigen der Steine

Jeder Mensch, ob gesund oder krank, scheidet aus seinem Organismus Bioplasmapartikelchen aus. Diese Schwingungsmuster und Partikelchen setzen sich nun in die Energiefelder der Edelsteine (auch in unserer Aura) ab. Dadurch läßt im Laufe der Zeit die Schwingungsintensität der Steine nach, und sie sollten gereinigt werden.

Reinige den Stein von allem Fett und Schmutz, indem Du den Stein mit einem kleinen Tropfen Spülmittel wäscht. Spüle mit warmem Wasser ab.

Lege den Stein in eine Kristallschale, möglichst ohne Verzierung, lasse fließendes Wasser (dünner Wasserstrahl) darüber laufen (ca. 1/2 Stunde) oder lege den Stein in eine Schale. Bedecke ihn mit Wasser und lasse ihn 10 - 12 Std. darin stehen; danach braucht er nur noch 10 Minuten unter fließendes Wasser gehalten zu werden. Wenn sich in Deiner Nähe ein Quellfluß oder eine Quelle befindet, verwende zum Reinigen diese natürlichen Möglichkeiten; außerdem ist es möglich, den Stein bei Regen in den Garten zu legen oder eine Kette bei Regen auf die Wäscheleine zu hängen. Das Wasser bindet die kleinen Bioplasmapartikelchen, und nach dieser Wasserreinigung ist fühlbar, wie der Stein wieder seine ursprüngliche Kraft entfalten kann.

Aufladen von Edelsteinen

Trotz regelmäßiger Reinigung läßt wiederum nach 2 - 3 Monaten die Wirkung der Edelsteine auf den Organismus nach. Dann ist es ratsam, den Stein 6 - 8 Stunden in die Sonne zu legen (außer Türkis). Ein Stein besteht aus Milliarden von Atomen, die sich zu Molekülen zusammensetzen. Die Schwingung der Elektronen um den Kern wird beschleunigt, wenn Edelsteine in der prallen Sonne liegen. Die feinstoffliche ätherische Kraft des Steins nimmt wieder zu.

Wenn ein Stein viel und regelmäßig getragen wird, sollte man ihm ca. nach einem 3/4 bis 1 Jahr eine 1 - 2 monatige Ruhepause gönnen, so daß er sich wieder regenerieren kann.

Die Edelsteine

ACHAT

Der Achat ist ein feinfaseriges Quarzaggregat aus der Gruppe der Chalcedone.

Physische Heilwirkung:
Augenleiden, Krampfadern, Fieber, Probleme im Magen-Darm-Bereich, Gelenkschmerzen, Schlafstörungen, Verdauungsschwierigkeiten, Nervenentzündungen, Hautirritationen verschiedenster Art, Dysfunktion der Milz.

Seelische Heilwirkung:
Beruhigend, Mut erzeugend, Löcher im feinstofflichen Körper ausgleichend, befreit von Mondsucht.

Der Achat ist ausgesprochen beruhigend und erdend. Ist eine Persönlichkeit von großer Unruhe befallen, deren Ursache mehr im Körperlichen liegt als im Geistigen, ist der Achat eine große Hilfe. Die Energie dieses Steines hilft bei Magengeschwüren und Unwohlsein, bei Menstruationsbeschwerden und Krämpfen. Man lege den Stein auf die erkrankte Zone und wickle, wenn es möglich ist, ein Seidentuch um den Körper und halte den Stein so fest. Ansonsten lege man den Stein nachts auf die Problemzone oder neben sich.

Bei Schmerzen in den Füßen, Fieber oder Krampfadern sollte man ihn immer an das Ende der Füße legen (Bettende), so daß sich über die Fußchakren Energieblockaden lösen und abfließen können.

Bei Krampfadern kann man täglich 10 bis 20 Minuten den Achat in kreisförmigen Bewegungen von unten nach oben einsetzen.

Bei Kindern, die sehr unruhig sind, besonders bei fieberhaften Erkrankungen, ist es auch empfehlenswert, eine Achatscheibe an die Füße zu legen.

Was geschieht mit Achatenergie? Der Äther- oder Vital-Körper des Menschen wird durch Achatenergie gereinigt und die Chakren werden beruhigt. Bei einer Überaktivierung der Chakren können sich besonders das Wurzel- und das Sakralchakra sowie der Solarplexus wieder normalisieren. Bei Gelenkkrankheiten, Verstauchungen oder Prellungen sollte der Achat mindestens 12 Stunden an der betroffenen Stelle getragen werden.

Alle Wirbelsäulenerkrankungen lassen sich durch Achatenergie (wie durch sonstige Steine) nicht beheben, aber der entstehende Schmerz durch Überbelastung der Nerven oder Verspannung der Muskulatur kann extrem gemildert werden. Dafür sollte man eine kleine bis mittlere Achatscheibe mit Leukoplast an die Problemzone kleben.

AMAZONIT

Der Amazonit ist die grün-blaue Varietät des Mikroklins (Kalifeldspat).

Physische Heilwirkung:
Vitalisierend, Epilepsie, Nervenschwäche, Funktionsstörungen der Schilddrüsen, herzstärkend, Reinigung des feinstofflichen Körpers und des Zellsystems.

Seelische Heilwirkung:
Schizophrenie, schafft seelische Ausgeglichenheit.

Der Amazonit ist ein ausgesprochen starker Heilstein, weil seine Energie auch den Astralbereich reinigt. Trägt man den Amazonit, kann es sein, daß in der ersten Zeit starkes Unwohlsein empfunden wird wie Schüttelfrost, Schweißausbrüche, Ekel und Ablehnung gegen jedermann. Wenn diese Symptome auftreten, zeigt dies sofort an, daß die Reinigungskraft des Steines wirkt. Nach ca. zwei bis drei Tagen hören diese Begleitsymptome auf und man fühlt sich ausgesprochen wohl und vital. Eine wunderbare Eigenschaft, die kein anderer Stein besitzt, liegt darin, daß die Energie des Amazonit Chakren, die nicht ganz auf dem richtigen Platz sitzen, zurechtrückt. Häufig sitzt das Herzchakra oder Stirnchakra nicht am richtigen Ort und ist ein bis zwei Zentimeter verrückt, dadurch kann der feinstoffliche Energiestrom nicht gut genug zirkulieren und bewußtseinserweiternde Prozesse werden gehemmt. Hat eine Persönlichkeit konzentrierte geistige Tätigkeit zu verrichten und muß dabei körperlich sehr aktiv sein, ist es ratsam, einen Amazonit zu tragen, weil er nervlich beruhigt, das Herzchakra leicht stimuliert und den Äther-Körper stabilisiert. Der Name dieses Steins hat seinen Ursprung in Südamerika. Bei den Indianern am Rio Negro gab es grüne Steine, die unter dem Namen „Amazonensteine" bekannt waren. Die Steine wurden als Amulette gegen Schlangenbisse und Schmerzen getragen.

AMETHYST

Der Amethyst ist ein lila farbiges Quarzkristall. Es ist der Gehalt an Eisen, der dem Stein seine violette Farbe gibt.

Physische Heilwirkung:

Migräne, Nervenentzündung, Kopfdruck, Neurodermitis, Allergien, blutreinigend und Aufbau der roten Blutkörperchen, Menstruationsbeschwerden, krampflösend, Augenleiden, stabilisiert die Konstitution während der

Schwangerschaft, Schlaflosigkeit, Ischias, Blutgerinnsel, Haarausfall, Konzentrationsmangel.

Seelische Heilwirkung:
Intuition, mentale Klarheit, ausgleichend bei Stimmungsschwankungen und Leidenschaften wie Hysterie, Wutausbrüchen und Überaktivität.

Der Amethyst gehört zu den spirituellen Steinen. Ein großer Kraftstrahl schwingt in ihm und hilft, den inneren Menschen zu verwandeln. Eine ausgleichende Wirkung entsteht auf allen Ebenen der Emotionalität. Die Kraftschwingung des Amethyst entwickelt in uns die Fähigkeit, Potentiale in uns freizusetzen, von denen wir nicht ahnen, daß sie in uns möglich sind. Wir machen uns nicht genug klar, wie wichtig geistiges Wachstum und innere Entfaltung sind, um wirklich frei zu sein, auch von unseren Ängsten, die verborgen in den Kammern unseres Gemüts schlummern. Der Amethyst verhilft uns zur Selbstbeherrschung, er läßt uns verstehen, warum man an manchen Dingen und Umständen haftet und sich davon nicht befreien kann. Unsicherheit und mangelndes Selbstvertrauen werden sanft transformiert, Schmerzen (seelisch) in Freude verwandelt, Disharmonie in Harmonie.

Die Kraft des Amethyst liegt weiter darin, die Frequenz der zwei oberen Chakren um eine Oktave zu erhöhen und damit erhöhte Bewußtseinszustände zu erlangen.

Sehr häufig ist zu beobachten, daß das obere Chakra völlig verkrampft ist. Durch die Energie des Amethyst löst sich diese Verkrampfung, manchmal langsam, häufig aber mit einem einzigen Ruck, und die Energie kann wieder zirkulieren. Sofort tritt höhere Konzentration auf, und Migräneanfälle sind kuriert oder stark gemindert.

Bei Menstruationsbeschwerden oder zu starken Blutungen muß der Amethyst mindestens drei Tage vor dem

Eintreten der Periode getragen werden. Er vermindert starken Blutfluß und Verkrampfung im Bauchbereich. Der Amethyst wirkt außerdem direkt auf Arterien und Blutgefäße. Indem der Amethyst das Blut beeinflußt, wirkt er über den Äther-Körper oder über die beiden oberen Chakren. Besonders günstig ist es, ihn als Kette über dem Herzen zu tragen, dort entwickelt er eine große Wirkung, weil hier das Blut kraftvoll einströmt. Bei Thrombosebehandlung oder Emboliegefahr erweist er sich als überaus hilfreich, indem er auf die Blutgerinnsel in den Gefäßen einwirkt.

Man lege den Stein oder die Kette auf die Arterie oder Hauptschlagader, ca. 10 Minuten, mehrmals täglich.

AQUAMARIN

Der Aquamarin ist ein hellblauer Beryll; seine farbgebende Substanz ist Eisen.

Physische Heilwirkung:
Augenentzündung, Neurodermitis, Allergien, besonders Sonnenallergie, Herzinfarkt (vorbeugend, stützend in der Nachbehandlung), Nervenberuhigend, Funktionsstörungen der Nieren, Zahnschmerzen, Halsschmerzen, Rachenschmerzen, Leberdruck.

Seelische Heilwirkung:
Vermittelt eine Ausstrahlung der Freude und Harmonie und Klarheit des Geistes, Empfindsamkeit und mitfühlende Liebe werden noch mehr geweckt. Aquamarin ist hilfreich in kritischen Lebensphasen.

Der Aquamarin könnte auch der Stein des Christusbewußtseins genannt werden, weil seine Energie den tiefen inneren Frieden vermittelt, der höher ist als alle Vernunft. In diese Energie kann man eintauchen wie in einen stillen See; Harmonie erfüllt einen, so daß man alles in der Natur und um sich herum in einem neuen Licht sieht. Besonders geeignet ist er bei Kindern, die unter Neurodermitis leiden. Wenn die Eltern mit dem Kind eine dementsprechende Diät durchführen und einhalten, bewährt er sich gut und mildert die Krankheit enorm. Bei Sonnenallergie ist der Aquamarin besonders hilfreich. Alle von mir behandelten Sonnenallergiker konnten geheilt werden.

Der Aquamarin unterstützt die Reinigung der Nasen- und Mundschleimhäute bei Befall durch Viren und Bakterien.

Der Aquamarin hilft, unsere beiden Gehirnhälften gleichzeitig anzuregen und repräsentiert klares, sowohl logisches wie auch intuitives Denken, d.h. holistisches (ganzheitliches) Denken.

AVENTURIN

Der Aventurin ist ein undurchsichtiger Quarz. Er zeigt auf polierten Flächen einen glänzenden Schimmer, der durch eingelagerte Eisenplättchen oder Glimmer entsteht.

Physische Heilwirkung:
Hautirritationen aller Art, Allergien, Leberprobleme, Schuppenflechte, Herzschwäche, Anregung der Thymusdrüse, Gürtelrose, Gesichtsrose, entkrampfend, Gallenprobleme.

Seelische Heilwirkung:
Beruhigung der Emotionen, angstlösend, aggressionshemmend, fördert die Bereitschaft zur Vergebung.

Der Aventurin ist ein sanfter Heilstein, der seine Wirkung erst zeigt, wenn man ihn einige Zeit trägt. Bei einigen Hautleiden, besonders bei nässenden Ekzemen, hat er in kürzester Zeit Wirkung gezeigt. Man sollte ihn mehrmals am Tag in kreisenden Bewegungen über die Problemzone streichen. Gut bewährt hat sich auch Aventurinwasser. Man lege einen Aventurin-Trommelstein zwölf Stunden ins Wasser und lasse das Wasser dann einmal aufkochen. Das abgekühlte Wasser auf trockene Schuppenflechten tupfen (nicht trinken!) oder die Regionen übergießen. In einigen Fällen konnte die Wirkung dadurch verstärkt werden, daß vor der Behandlung mit dem Aventurinwasser Melkfett (Glycerin) sehr dünn auf die Flechte aufgetragen wurde. Kranke Zimmerpflanzen oder Bäume können auch gut mit Aventurin-Steinen behandelt werden. Man lege einen Kreis von Trommelsteinen um den kranken Baum oder einen Trommelstein in einen Blumentopf.

Bei Aventurin gibt es die hellgrüne und die dunkelgrüne Variante. Der dunkelgrüne Stein ist besonders Wirksam bei Leberproblemen. Beide erzeugen durch ihre Schwingung eine Entgiftung des Körpers.

Hat eine Persönlichkeit über Jahre Medikamente nehmen müssen, ist das behandelte Organ evtl. geheilt, aber die Schwingung des Medikaments bleibt im Körper, selbst dann noch, wenn rein chemisch durch den Stoffwechselvorgang keine Rückstände mehr zu finden sind. Mit dieser disharmonischen Schwingung wird der Gesamtorganismus nicht fertig, und es entstehen Nebenwirkungen. Der Aventurin fördert über den Äther-Körper die Auflösung bestimmter Dissonanzfelder.

AZURIT

Der Azurit ist ein Kupferkarbonat. Seine Farbe ist dunkelblau, durchsichtig bis undurchsichtig. Er kommt häufig in Gesellschaft mit Malachit (grün) vor.

Physische Heilwirkung:
Stabilisiert den Kreislauf, schafft Linderung bei Gallenkoliken, lindernd bei Ischiasschmerzen, fördert das Konzentrationsvermögen, schafft Linderung bei plötzlich auftretenden Schmerzen aller Art, wirkt kräftigend auf den Knochenbau (vorbeugend).

Seelische Heilwirkung:
Fördert die Visualisierungskraft, das Erfassen von Realitäten mittels Intuition wird begünstigt, verhaltener Mut wird leichter veräußert, schafft Kraft in Phasen der Mutlosigkeit, fördert die Ausdauer und Beharrlichkeit bei ängstlichen und schnell resignierenden Persönlichkeiten.

Der Azurit ist besonders geeignet bei plötzlich auftretenden Schmerzen und Blockaden, die sich physisch ausdrücken. Wenn man ihn in die Hand nimmt, spürt man schon nach kurzer Zeit, wie sich die Handchakren öffnen und die Energie durch die Energiekanäle pulsiert. Da der Azurit eine sehr starke Energie freisetzt, ist es günstig, ihn nur zeitweise als Schmuck zu tragen. Es ist besser, ihn als Stein nur bei Bedarf einzusetzen.

Auf das Dritte Auge gelegt, löst er einen leichten Druck im Kopfbereich aus, zumal dann, wenn nicht alle Chakren gleichmäßig entwickelt sind. Vorsichtig angewendet ist er bei spirituellem Wachstum eine große Hilfe, besonders, um intuitiv Bilder der inneren Welt aufzunehmen und um die Fähigkeit des Visualisierens zu erlernen und zu vollenden. Und schließlich auch, um Schwingungen aus dem Äther zu empfangen.

Die Milz erfährt durch den Azurit eine leichte Stärkung. Die Milz leitet Ätherenergie (oder pranische Energie) aus dem Äther in den physischen Körper.

AZURIT-MALACHIT

Physische Heilwirkung:
Wirkt vorbeugend und heilend bei Erkrankungen der Milz und der Leber, stabilisiert den labilen Magen, kann bei Krebs im Anfangsstadium Therapien unterstützen, fördert das Konzentrationsvermögen.

Seelische Heilwirkung:
Vermittelt tiefe Ruhe, weil er über den Verstand und über die Intuition kosmische Gesetze erfassen läßt; hilft da, wo Disziplin erforderlich ist, macht geduldig beim Zuhören, schafft Gleichmaß bei Stimmungsschwankungen, zerstreut depressive Gedanken.

Bei der Verbindung von Azurit mit Malachit wird die starke Kraft des Azurit etwas gemildert. Dadurch entsteht eine umfassendere Heilkraft. Dieser Stein kann in allen Situationen angewendet werden.

Der Azurit-Malachit löst tiefsitzende Angstschwingungen auf, und nach kurzem Tragen empfindet man tiefe göttliche Ruhe. Durch diese eintretende kosmische Ruhe kann jeder emotionale Heilungsprozeß kraftvoll in Gang gesetzt werden. Bei Depressionen holt er aus den tiefen Schichten die Ursache ins Bewußtsein.

Bei Rückführungen aller Art ist es ratsam, einige Stunden vor Therapiebeginn und auch während der Therapie Azurit-Malachit als Hilfe zu tragen. Das innere Bildersehen wird gefördert, und es kommt zu einer seelischen Entspannung.

BERGKRISTALL

Der Bergkristall ist ein durchsichtiger farbloser Kristall aus Siliziumdioxid.

Physische Heilwirkung:
Wirkt heilend auf den Augenstar ein, löst Augendruck, stabilisiert das Gehör, ist stützend bei der Bildung von Blutkörperchen, regt den Kreislauf an, hemmt bei Blutungen, vitalisierend, absorbiert Erdstrahlung, behebt Phantomschmerzen, lindert Gelenkschmerzen (besonders Meniskus).

Seelische Heilwirkung:
Löst Ängste auf, fördert geistiges Wachstum, sensibilisiert in Bezug auf seelische Prozesse,schützt und aktiviert die Chakren, löst Blockaden auf der körperlichen Ebene.

In der Regel sind die Quarze auf ein anderes Gestein aufgewachsen und haben somit nur eine Spitze. Werden diese Kristalle von ihrer Unterlage abgebrochen, dann entsteht ein stumpfes Ende. Sind die Kristalle ausnahmsweise nicht aufgewachsen, dann sind es Doppelender, die immer zwei Spitzen haben. Das stumpfe Ende ist also immer ein abgebrochenes Ende, welches jedoch dann häufig bearbeitet ist.

Das stumpfe Ende nimmt Energie auf und die Spitze gibt Energie ab.

Der Bergkristall ist in der Lage (wie auch einige andere Steine), kosmische Lebenskraft in Form von bestimmten Strahlen aus dem Universum aufzunehmen und den jeweiligen Träger mit dieser Energie zu versorgen und anzuregen, um im höheren Bewußtsein zu leben, die Materie zu transformieren und aus dem Göttlichen zu handeln und zu sein. Licht und Klang können in einem Kristall hörbar und sichtbar werden. Jeder Bergkristallträger wird nach kurzer Zeit spüren, wie sich seine innere Schwingung erhöht, wie ihn wunderbare Gelassenheit umhüllt. Die Aura wird heller und mehr durchlichtet. In der geschliffenen Kugelform wird die Energie dem Menschen leichter zugänglich, und die Aura wird von Lichtimpulsen durchströmt.

Der Bergkristall aktiviert alle Chakren und erhöht die Frequenz. Ebenso ist der Kristall auch zum Schutz vor den niedrig schwingenden Frequenzen negativer Emotionen anderer geeignet. Jeder Bergkristall ist so einzigartig, wie jeder Mensch einzigartig ist, und so kommt es darauf an, den richtigen Kristall für sich zu finden.

Der Bergkristall kann auch als Symbol des Menschen oder als Spiegel seines Selbstes angesehen werden. Der Bergkristall hat sechs Seiten und jede dieser Seiten symbolisiert ein Chakra; die Spitzen symbolisieren das Scheitelchakra.

Die nordamerikanischen Indianer verehren den Bergkristall als heiligen Stein und als machtvolle Medizin, die der Schamane zu Heilungen und bei Entbindungen zum Durchschneiden der Nabelschnur einsetzt. Auch in Tibet ist der Bergkristall hochgeschätzt. Er hilft den Mönchen bei ihren Meditationen und erleichtert den Pfad zur Erleuchtung.

So wie es bei den Bachblütenessenzen die Notfalltropfen gibt, so könnte der Bergkristall als Stein für den Notfall verwendet werden, sowohl bei körperlichen wie auch seelischen Beschwerden. Nimmt man den Bergkristall in die Hand oder legt man ihn zwischen die Augenbrauen auf die Stirn oder auf das Herzchakra, wird bald eine allgemeine Entspannung auftreten.

Vor allen Dingen aber ist die Bergkristallenergie eine Energie, die unser spirituelles Wachstum fördert. Tiefgreifende Erkenntnisprozesse werden eingeleitet; man lernt, sich selbst besser einzuschätzen und sein Handeln und Agieren zu beobachten. Der Bergkristall mit seiner harmonischen ausgleichenden Energie ist geeignet, mit allen Steinen zu harmonieren. Seine Energie erhöht die Frequenz aller anderen Steine.

BERNSTEIN

Honiggelb bis braunes fossiles Harz von Nadelbäumen, durchsichtig bis durchscheinend oder trüb.

Physische Heilwirkung:
Wirkt beruhigend und lindernd bei allen Erkrankungen der Luftwege, so auch bei dementsprechende Halserkrankungen und Asthma; kräftigt die Blase, stabilisiert das Nervensystem, regt die Funktion der Schilddrüsen an, begünstigt die Bildung des Zahnschmelzes,wirkt lindernd bei Ohrenschmerzen, senkt das Fieber, lindert rheumatische Beschwerden und Mandelentzündungen.

Seelische Heilwirkung:
Baut Ängste ab und stärkt das Selbstbewußtsein

Bernstein wurde schon in frühen Zeiten, besonders in den Ostseeländern, eingesetzt, wenn Kleinkinder zahnten. Der Bernstein hilft durch seine Energie, entzündliche Prozesse zu dämmen und Luftwege, Bronchien und Lungen zu kräftigen. Der Bernstein zieht negative Energien aus dem Körper und nimmt sie in sich auf. Er reinigt den Organismus. Es ist ratsam, Bernstein häufiger zu reinigen. Bernstein ist empfindlich gegen Alkohol und Säuren und heiße Bäder. Auch ist er brennbar. Seit über 50 Jahren ist die Bezeichnung „Naturbernstein" und „Echtbernstein" branchenüblich. Mit Naturbernstein wird die Ware bezeichnet, die unmittelbar aus Rohstücken hergestellt wird. Echtbernstein ist Preßbernstein, der aus vielen kleinen reinen Naturstücken hergestellt wird, dem aber keine materialfremden Zusätze beigefügt werden. Seine energetische Wirkung ist nicht so hoch wie die des Naturbernsteins. Als Schmuck ist er in seiner Farbschönheit und Qualität dem Naturbernstein nahekommend. Die Schmuckindustrie verwendet auch Polyesterharz, der nicht als Echtbernstein ausgezeichnet werden darf.

CARNEOL (Karneol)

Oranges bis rotbraunes Quarzaggregat der Chalcedonfamilie.

Physische Heilwirkung:
Wirkt blutreinigend (Blutvergiftung), reinigt die Leber und befreit von Leberdruck, regt die Peristaltik des Darmes an, sorgt für eine Durchblutung der Sexualorgane, stärkt die Prostata, lindert rheumatische Beschwerden und kräftigt die Nägel.

Seelische Heilwirkung:
Bei Unternehmungen aller Art begünstigt er mutvolle und kreative Handlungen, um sie zum Erfolg zu führen.

Historiker sind der Annahme, daß der Carneol mit dem Sarderstein in der Bibel (Offenbarung) oder mit dem Odem oder Sard identisch ist, der auf dem Brustschild des hohepriesterlichen Gewandes aufgenäht wurde.

Der Carneol ist ein Stein, der zu höchster Kreativität anregt. In jedem Menschen sind tiefsitzende Begabungen vorhanden, die gewöhnlich nicht genutzt werden und unter der Oberfläche auf ihre Entdeckung warten. Trägt man einen Carneol, werden diese Begabungen bewußt und man ist in der Lage, sie praktisch umzusetzen. Die Eigenschaft des Steins kann auch mit „Ungeduld" bezeichnet werden, eine Ungeduld, seine tiefsten Begabungen umzusetzen.

Besonders für junge Leute, die auf der Suche nach einem geeigneten Beruf sind, sich vom Elternhaus lösen möchten, um auf eigenen Beinen zu stehen, kann die Carneolenergie eine kraftvolle Hilfe sein.

Im physischen Bereich reguliert er Darmträgheit und ist ein ausgleichender Stein bei Lebererkrankungen, da er anregt, Giftstoffe auszuscheiden. Mit einem Trommelstein (Schmeichelstein) sollte man häufig in kreisenden Bewegungen über die Leber gehen oder eine Kugelhalskette tragen und sie hin und wieder auf die Leber legen.

Bei Menstruationsbeschwerden, besonders wenn die Blutung zu schwach ist oder sich staut, ist Carneol hilfreich.

Da der Stein schon durch seine positiv braunrot leuchtende Farbe an die Erde erinnert, wird, wenn man ihn trägt, die Verbundenheit zur Erde tiefer. Dieser Stein ist ein mächtiger Verbündeter, um den Prozeß der Transformation der Materie an uns selbst zu beginnen und mit der Erde (Ökologie) zu vollenden.

Der Carneol ist nicht auf der Farbtafel im Anhang abgebildet.

CHALCEDON

Grau, hell, taubenblaues feinfaseriges Quarzaggregat.

Physische Heilwirkung:
Wirkt beruhigend und lindernd auf den Rachenbereich (Heiserkeit, Kehlkopferkrankungen) hemmt Blutungen,

stärkt die Stimmbänder und die Muskulatur der Augen,beugt Arterienverkalkung vor, verhindert die Bildung von Gallensteinen, kräftigt die Knochen, reinigt die Haut und wirkt günstig auf die Schilddrüsen ein, er verhindert Empfindlichkeiten, die durch Wechseljahre bedingt sind; Stärkung von Lunge und Milz.

Seelische Heilwirkung:
Beruhigt nach Alpträumen, baut Reizbarkeit ab, hemmt Aggressionen, fördert die Unterscheidungsfähigkeit, vertreibt negative Stimmungen; ist der Stein der Redner.

Seinen Haupteinfluß hat der Chalcedon auf das Kehlkopfchakra. Genau an dieser Zone ist der Eingang des menschlichen Drüsensystems und, rein körperlich betrachtet, die engste Zone unseres physischen Körpers. Die Energie, die aus dem untersten Chakra aufsteigt, muß hier symbolisch durch ein „Nadelöhr"; danach folgt eine Energieerhöhung der drei obersten Chakren. Wer bewußt durch diese „Tür" eintritt, dem eröffnen sich die tiefsten Schichten des Seins.

Der Chalcedon öffnet oder aktiviert das Halschakra; dadurch hat er starken Einfluß auf die Sprache. Er wird auch der Stein der Redner genannt. Alle Worte sind begrenzt, aber durch den Chalcedon findet eine andere Sprache Raum, die Sprache des Herzens. Sie drückt sich zugleich hörbar (durch Worte) und unhörbar durch Schweigen aus. Wer in der Lage ist, das hörbare Wort mit dem unhörbaren Wort des Herzens in Einklang zu bringen, schafft es, über sein Wort das Herz des anderen Menschen zu erreichen und zu öffnen. Die Sprache setzt aber auch noch ein anderes Sinnesorgan in Schwingung: Das Ohr. Hören wird aktiviert. Dem fünften Chakra ist das Sprechen und Hören zuzuordnen. Hören ist ein subtiler Prozeß und das „Zuhören" ist eine wahre Kunst.Um durch die vielen Hüllen der Worte die eigentliche Botschaft wahrzunehmen, um zu erfahren, was der andere wirklich denkt oder sagen will, fühlt oder empfindet, muß die Sprache gefiltert werden.

Der Chalcedon verfeinert also die Sprache, beruhigt das Gemüt und konzentriert die Sinne auf das Hören.

Chronische Heiserkeit und angehende Taubheit sind immer ein Signal, ein Hinweis, daß das fünfte Chakra beeinträchtigt ist. Trägt man den Chalcedon als Kugelkette oder kurzen Anhänger Tag und Nacht, vermittelt er Gelassenheit und zügelt das Temperament.

CHRYSOKOLL

Grünblaues Mineral, welches zusammen mit anderen Kupfererzen vorkommt.

Physische Heilwirkung:
Fiebersenkend, baut Hämoglobin auf, stärkt Herz, Kreislauf und Lunge, lindert Rückenschmerzen und Menstruationsbeschwerden, kräftigt das Rückenmark und regt den Stoffwechsel an, lindert Schmerzen bei Rheuma, entkrampft, heilt bei Rachenerkrankungen und regt die Funktion der Schilddrüsen an.

Seelische Heilwirkung:
Schafft Ausgleich bei Anspannung, glättet bei Stimmungsschwankungen und erwirkt bei ängstlichen Naturen Festigkeit und Selbstvertrauen.

Grünblaues Kieselmalachit aus Spaltfüllungen von Kupfererzen. Der Chrysokoll ist ein blau-türkisfarbener Stein. Ganz selten findet man ihn in Edelsteinqualität, dann ist er transparent und durchscheinend. Der Chrysokoll wird der Venus zugeordnet, weil seine Schönheit so anziehend ist und er Harmonie und Liebe symbolisiert. Die Energie des Chrysokoll ist weiblich. Er verkörpert das Wasser, den Mond, das Passive und zugleich Kraftvolle. Er vermittelt die Fähigkeit, die Natur in das Denken und Empfinden des Menschen zu integrieren. Er lehrt erhöhte Aufmerksamkeit, (Umwelt, Körperlichkeit, Nahrung, Mitmenschlichkeit). Wird der Chrysokoll auf die jeweiligen Chakren gelegt, werden sie durch diesen Stein aktiviert, und Blockaden können sich auflösen. Da er uns mit der Natur verbindet und das Weibliche anregt, wirken Persönlichkeiten, die zu viel männliche Energien ausstrahlen und diesen Stein tragen, gelassen und harmonisch; Toleranz und Intuition entwickeln sich im allgemeinen Charakterbild eines Menschen. Dieser Stein eignet sich gut bei Frauenleiden wie Menstruationsbeschwerden und Hormonstörungen. Legt man ihn auf das zweite Chakra, tritt meist schon nach einigen Minuten Linderung ein. Krämpfe und Beschwerden lassen nach. Häufig erfahren Frauen nach einer Entbindung eine für sie unfaßbare Empfindung, daß sie nämlich keinen Zugang zum Wesen des Neugeborenen finden oder gar Ablehnung spüren. Es entstehen Schuldgefühle, Ängste und Depressionen. Chrysokollenergie entwickelt Verständnis und Mütterlichkeit und hilft zur Selbstannahme, das heißt, Frieden im Inneren zur Entfaltung zu bringen. Das Bewußtsein wird erhoben und führt in höhere Ebenen des Seins.

Bei Zorn und aufgepeitschten Nerven legt man den Stein auf das Herz oder auf den Nabel.

CHRYSOPRAS

Apfelgrüner Chalcedon, seine farbgebende Substanz ist Nickel.

Physische Heilwirkung:
Stabilisiert den Kreislauf und stärkt das Herz, regt die Drüsentätigkeit an, hilft bei Gicht, Magengeschwüren, beruhigt die Nerven, läßt Schwellungen abklingen, hilft bei Epilepsie und Schizophrenie.

Seelische Heilwirkung:
Schutz vor schwarzer Magie.

Der Chrysopras hat eine wunderbare harmonische, ausgleichende Wirkung auf unser Nervensystem. Seine Energie bewirkt, daß unbewußte Gedankenmuster auf die physische Ebene transformiert werden können. Er regt den Mentalbereich an und fördert systematische Genauigkeit, das Erkennen der Gesetze und Formen in der Erscheinungswelt. Mit Hilfe seiner Energie ist es möglich, die Naturprozesse auf einer höheren Ebene zu verstehen, was gerade in der heutigen Zeit von unschätzbarem Wert ist. Der Chrysopras übt einen starken heilenden Einfluß im Bereich der Gelenke aus. Schon Hildegard von Bingen empfiehlt ihn bei Gicht, Rheuma und Schwellungen. Die Aborigines in Australien kennen seine große Kraft und setzen ihn als Schutzstein gegen schwarze Magie und Besessenheit ein.

CITRIN (Zitrin)

Goldgelber Quarzkristall, die farbgebende Substanz ist Eisen.

Physische Heilwirkung:
Hilfreich bei Diabetes, Drüsenerkrankungen, Nieren- und Gallenleiden. Fördert die Verdauung und regt die Peristaltik des Darmes an, wirkt günstig auf den Stoffwechsel ein, vertreibt Depressionen.

Seelische Heilwirkung:
Stärkt das Selbstbewußtsein (Yang-Energie), macht aktiv und durchsetzungsfähig, bewirkt Begeisterung bei phlegmatischen Personen, regt zu liebevoller Einfühlung an, Schutz bei Suizidgefahr.

Der Citrin hat seinen Namen aus dem Mittellateinischen und bedeutet soviel wie „zitronenfarbig".

Die Citrinenergie (besonders die Energie des natürlichen Citrins) regt den gesamten Organismus vitalisierend an, wodurch Frohsinn, Entschlußkraft, Kreativität und Wünsche nach Weiterentwicklung und Frieden erwachen. Besonders gut bewährt hat sich Citrinenergie bei Bettnässerkindern. Bettnässer stehen unter Druck, den sie sich entweder selbst auferlegen oder der durch die Eltern entsteht. Des Nachts entspannt sich der über Tag aufgestaute Druck, und die Blase, das in diesem Fall schwächste Organ, entkrampft sich, und das Kind näßt ein. Durch Citrinenergie lernt das Kind, sich gegen etwas zu wehren. Es lernt, sich zu behaupten und durchzusetzen. Außerdem wird die Blase gekräftigt. Häufig ist nach kurzer Zeit das Kind von der Schwäche befreit.

Bei Diabetes kann der Stein auch erfolgreich eingesetzt werden. Schon nach kurzer Zeit stabilisieren sich die Zuckerwerte und fallen ab. Hierbei ist zu beachten, daß auf alle Fälle der Patient ständig in der Kontrolle eines Arztes zu sein hat und nicht eigenmächtig bei dieser Krankheit handelt. Selbstverständlich sind die vorgeschriebenen Arzneien weiterhin einzunehmen und die Diät einzuhalten, bis eine merkliche Veränderung registriert wird und der Arzt den Zuckerkranken neu „einstellen" kann. Diabeteskranke, die Citrinenergie richtig einsetzen, können allerdings nach meiner Praxiserfahrung allmählich von Spritzen und Tabletten befreit werden.

Der Stein wird am günstigsten eingesetzt, indem man einen Kristall mit der Spitze nach unten unterhalb des Bauchnabels mit einem Heftpflaster festklebt.

Citrin ist außerdem geeignet bei schweren Depressionen. Die Aura eines Depressiven ist grau-schwarz und weist viele Klumpen auf. Es dauert sehr lange, bis Schritt für Schritt die Aura wieder mehr Licht in sich aufnimmt und dadurch der Gemütszustand des Kranken gehoben wird. Bei dieser Krankheit ist der Citrin eine wunderbare Unterstützung während einer Therapie.

Bei Mückenstichen und Wespenstichen lege man einige Zeit mit etwas Druck einen Stein auf die Stichstelle (Bergkristall ist ebenso geeignet). Der Juckreiz läßt sehr schnell nach.

Der gelbe Strahl des Citrins steht in Verbindung mit der Mentalebene und hilft uns, tiefes Unterscheidungsvermögen zu erlangen und den Blick für das Wesentliche zu gewinnen. Er inspiriert dazu, die Weisheit in uns lebendig werden zu lassen, hilft uns, tolerant und anpassungsfähig zu sein.

In Prüfungsphasen läßt er uns ruhig und gelassen sein, weil er den physischen und feinstofflichen Körper stärkt und den Mentalbereich stimuliert. Das wiederum erzeugt erhöhte Konzentration und begünstigt, gespeichertes Wissen zutreffend anzuwenden.

DIAMANT

Der Diamant stellt die dichteste Anordnung der Kohlenstoffatome dar und kann verschiedene Farben haben.

Physische Heilwirkung:
Wirkt auf alle Beeinträchtigungen ein, die mit der Sehschärfe zusammenhängen, hilft bei Gleichgewichtsstörungen, Gicht und Arteriosklerose (vorbeugend), entgiftet bei Gelbsucht, vitalisiert, stärkt den Kiefer, beruhigt die Nerven, beugt Autismus vor, regt die Thymusdrüse an, fördert männliche Energie (Yang-Energie).

Seelische Heilwirkung:
Wirkt gegen Angst, hebt Unsicherheit auf, verstärkt Selbstwertgefühle, beruhigt in der Eifersucht, verstärkt intuitives Erfassen, fördert die Tugendbildung, regt zum klaren Denken an.

Der Diamant ist der einzige Edelstein, der nur aus einem Element besteht und der härter als alle anderen Steine ist. Dieser Stein verfügt durch seine Energie über Eigenschaften, geistige wie materielle Aspekte zu regulieren und die Schwingungen aller anderen Steine, die man trägt, zu erhöhen. Er ist der „König der Steine".

Die Energie des Diamanten dringt über die Poren und über das Scheitel- und Stirnchakra in uns ein. Seine Kraft wird analogisch mit der Schöpferkraft Gottes in Verbindung gebracht. Der Diamant lehrt, eine innere Freiheit zu erlangen und Unabhängigkeit von allem Irdischen anzustreben wie auch das Materielle zu vergeistigen.

Triebe werden transformiert, und die Seele erhält einen Ansporn, sich der Unendlichkeit des Seins gegenüber zu öffnen. Durch das Prisma des Geistes wird die menschliche Klarheit und Tiefe erkannt und als neue Lebensweise freigesetzt. Der Diamant begünstigt alle Prozesse körperlicher Kräftigungen und schult die Durchsetzungsfähigkeit. So wie der Schliff die unübertroffene Strahlkraft des Diamanten entfaltet, so soll auch die seelisch-geistige Veranlagung ganz zur Erstrahlung kommen, zu jener Strahlenkraft und Schönheit des inneren Menschen, die häufig erst durch den „Schliff" des Leidens und des Schmerzes aufbricht.

Im körperlichen Bereich weckt der Diamant Selbstheilungskräfte bei Gicht und Gelbsucht. Hildegard von Bingen wies besonders darauf hin, Diamanten bei Schlaganfall (Arteriosklerose) oder bei Sklerosierung (Gicht) zu tragen oder ein Elixier zu bereiten. Der Diamant hat die Fähigkeit, Giftstoffe aus dem Körper zu ziehen und sie in den feinstofflichen Äther-Körper zu lenken, wo sie dann umgewandelt werden. Blockaden im Kronenchakra werden aufgelöst, wodurch ein scharfes, analytisches Denken begünstigt wird. Unsicherheiten und Ängste werden gemindert.

In dieser Zeit ist der Diamant einer der meistgekauften Steine. So wie er unzählige Möglichkeiten der geistigen Entwicklung eines Menschen fördern kann, so sehr kann er alledings auch im Einzelfall organische und seelische Erkrankungen verstärken. Dies liegt an seiner Beschaffenheit, nicht auf die jeweiligen Energiezentren einzuwirken, sondern maßgeblich über den Kopfbereich den Energiefluß über die Kanäle **SUSUHMA**, **IDA** und **PINGALA** zu forcieren. Besteht also eine durch organische oder seelische Beeinträchtigung entstandene Blockade in den Chakren, bewirkt der Diamant eine Erhöhung des „Druckes" auf die Blockade, was eben eine Verstärkung des Krankheitssymptoms zur Folge hat. Im seelisch-geistigen Bereich bewirkt dies meist eine Disharmonie zwischen Herz und Verstand. Das heißt, eine gesteigerte Tendenz, die Dinge des Lebens zu „verkopfen", verdrängt die Aspekte Liebe, Zartheit und Empfindsamkeit. Wer also einen Diamanten tragen möchte, sollte vorher danach trachten, mit einer entsprechenden Therapie (Edelstein-, Naturheilkunde-, Allgemeine Medizin, Psychotherapie etc.), Blockaden im Energiezyklus zu lösen.

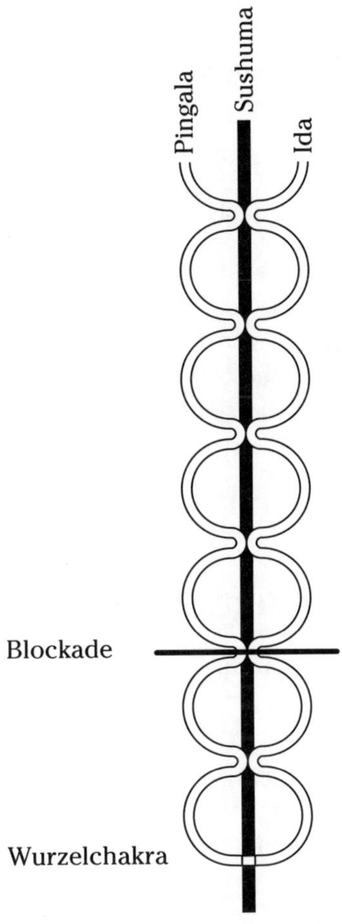

Ego-Persönlichkeiten, Dickköpfe, unversöhnliche Charaktere, die nicht verzeihen können, sollten tunlichst keinen Diamanten tragen, höchstens im Kombination mit Rosenquarz und rosa Turmalin.

DIOPTAS

Dunkelgrün, meist durchsichtig.

Physische Heilwirkung:
Kräftigt den Gesamtorganismus, das Herz und die Augen, vertreibt Depressionen.

Seelische Heilwirkung:
Wirkt ausgleichend und fördert die Kreativität.

Der wunderschöne Dioptas ist ein tiefgrüner Kristall, der vom Schwingungsbereich her dem Smaragd sehr verwandt ist. Es ist schön, ihn vor einer Meditation in den Händen zu halten. Ein Glücksstrom und ein tiefer Entspannungszustand wird sofort fühlbar. Er öffnet das Herzchakra, und die Bilder des Unbewußten steigen in einem auf.

FLUORIT (Flußspat)

weiß, hellblau, grün, gelb, violett, würfelförmig

Physische Heilwirkung:
Wirkt lindernd bei Kopfgrippe, fördert die Konzentration, kräftigt die Schleimhäute, die Knochen, die Zähne, hilft bei Tuberkulose und bei Mundentzündungen.

Seelische Heilwirkung:
Baut Ängste ab und drosselt bei Hyperaktivität.

Seine beste Wirkung erreicht der Fluorit, wenn er in Kugelform geschliffen eingesetzt wird. Er ist ein Stein des Geistes. Der Fluorit wird dem 3. Auge (zwischen den Augenbrauen) und dem Scheitelchakra zugeordnet, er öffnet die Tore zu kosmischen Dimensionen.

Es ist sehr günstig, aus Fluorit ein Mundwasserelixier zu bereiten. Zahnerkrankungen heilen besser, der Zahnschmelz wird gekräftigt. Bei Kindern, die sich noch im Wachstum befinden, gebe man einige Steine in das tägliche Badewasser, es begünstigt das Knochenwachstum und verleiht gutes Sehvermögen. Ebenso ist es günstig, bei Osteoporoseerkrankungen Fluorit in das Badewasser zu geben. **(siehe Elixier „Baden")**

GRANAT

Innerhalb der Granatgruppe gibt es verschiedene Arten, deren Farben von wasserklar über hellgrün, dunkelgrün, violett, rot-braun und orange bis hin zum schwarz reichen. Hier wird der Pyrop angesprochen, der von rotbrauner bis schwarzbrauner Farbe ist. (Magnesium-Aluminium-Silikat)

Physische Heilwirkung:
Er fördert die Blutbildung (Anämie), stärkt den Kreislauf, das Herz, fördert die Durchblutung der Milz, hebt den Blutdruck leicht an, reguliert bei Hormonstörungen, entzündungshemmend, baut Depressionen ab.

Seelische Heilwirkung:
Bei Ärger und Streit wirkt er beruhigend, schafft Ausgeglichenheit, beruhigt nach Alpträumen, wirkt gegen Egozentrik und schafft Klarheit bei sexuellen Problemen.

Der Granat wird interessanterweise gleichermaßen von älteren Menschen und jungen Leuten bevorzugt. Intuitiv wählen sie den richtigen Stein zur richtigen Zeit.

Der Granat regt den Kreislauf an. Außerdem hilft seine Energie, daß besonders der Unterleib gut durchblutet wird. Jungen Paaren, die den Wunsch nach einem Kind hegen, sei geraten, Granat zu tragen, da durch die gute Durchblutung des Unterleibes sowohl der Eisprung begünstigt als auch die Samentätigkeit des Mannes energetisch angeregt wird.

Auch während der Schwangerschaft ist es günstig, Granat zu tragen, denn durch die intensive Durchblutung ist auch eine günstigere Sauerstoffversorgung über das Blut gewährleistet. Immer wieder habe ich festgestellt, daß junge Frauen mit problematischen Schwangerschaften durch den Granat wesentliche Erleichterungen erfuhren. Der Gesamtorganismus nimmt durch den Granat über die beiden unteren Chakren soviel Lebensenergie auf, daß Vitalität und ein freudiger Mut erwachen.Die Granatenergie hilft bei Stoffwechselprozessen und dem Blutaufbau. Der Granat sollte um den Hals, als Armband oder in der Tasche getragen werden. Seine Aktivität wird durch den Schliff erhöht. Neigt eine Persönlichkeit zu großer Leidenschaft, geht es um Macht und Ohnmacht in einer Beziehung, dann sollte der Granat nicht benutzt werden.

HÄMATIT

Metallisch schwarz-silbrig, glänzendes Eisenoxid, undurchsichtig.

Physische Heilwirkung:
Fördert die Bildung roter und weißer Blutkörperchen, stabilisiert den Kreislauf, stärkt das Herz, entkrampft, durchblutet Leber und Milz, hilft bei Kopfschmerzen und Nackenverspannungen, löst Blutgerinnsel, erdet, hemmt Blutungen.

Seelische Heilwirkung:
Entspannt, vitalisiert, schafft Ausdauer bei Vorsätzen

und Unternehmungen.

Der Hämatit hat die Eigenschaft, Schleifwasser rot zu färben, was ihm den Beinamen „Blutstein" einbrachte. Die Energie dieses Steines wirkt besonders stark auf den physischen Körper und hilft, das Eisen im Körper gut zu verwerten. Rote und weiße Blutkörperchen können sich gut und leicht bilden. Hämatit wirkt reinigend auf die Blutgefäße. Schon im alten Ägypten wurde der Hämatit bei Blutungen, Entzündungen und Hysterie eingesetzt.

Im Blutfarbstoff befindet sich zweiwertiges Eisen mit der Aufgabe, Sauerstoff zu binden und wieder abzugeben. Bei Eisenmangelerscheinungen (Anämie) ist Hämätit außerordentlich hilfreich. Es gibt noch eine andere Anämie, die Sekundär-Anämie; sie entsteht durch starken, andauernden Blutverlust (Hämorrhoiden, Geschwülste, Vergiftungen, Ernährungsschäden und Menstruationsbeschwerden). Auch hier hat der Hämatit (ergänzend oder ausschließlich) hilfreich gewirkt.

Besonders gut bewährt hat sich der Stein nach schweren Erkrankungen. Er sollte in der Genesungsphase getragen werden, weil mehr Sauerstoff über das Blut aufgenommen werden kann und der Körper dadurch vitalisiert wird. Bei Krämpfen in der Wade während der Schlafenszeit trage man ein Hämatitfußkettchen.

JADEIT

Hellgrünes, apfelgrünes, flaschengrünes Natrium-Aluminium-Silikat, andere Farben sind weiß, gelb, lavendel.

Physische Heilwirkung:
Herzstärkend, stabilisiert die Nierenfunktion, hilft bei Kehlkopferkrankungen und Augenleiden, regt die Thy-

mus- und Schilddrüse an, kräftigt die Blase, beruhigt das Nervensystem, kräftigt die Milz.

Seelische Heilwirkung:
In spiritueller Hinsicht vermittelt er Hingabe zu Gott, Liebesfähigkeit und Selbstlosigkeit. Er schafft seelischen Ausgleich, und bringt Gelassenheit und Mut.

Jade ist ein ausgesprochen beliebter und geschätzter Edelstein des Ostens. Er symbolisiert den Weg der Hingabe. Durch die Energie der Jade werden Prozesse im physischen und feinstofflichen Körper angeregt, die uns helfen, den Weg der Hingabe aufzunehmen. Auf dem Weg der Hingabe ist es wichtig, Liebe, Gefühl, Glück, Toleranz, Güte und Ergebenheit täglich zu üben. Liebe zu Gott ist eine große Tugend, und aus der Liebe zu Gott entwickelt sich die Liebe zu sich selbst. Wie bei einer mathematischen Gleichung erzielt man das Ergebnis auch auf der anderen Seite, das heißt, die Liebe zum Nächsten und zu sich selbst erzeugt die Liebe zu Gott.

Es gilt, die Liebe zu üben, und die Gnade wird folgen. Auf dem Weg der Hingabe entwickeln sich zunehmend größere Grade des Glücks, die den Menschen Schritt für Schritt innerlich und äußerlich verändern. Jade ist die Botschaft von Harmonie, Glück und Hingabe. Wer eine der Eigenschaften wie Hingabe und Ausgeglichenheit, Liebesfähigkeit und Medialität in sich entwickeln möchte, trage einen Jadehandschmeichelstein oder eine Jadekette. Dann wiederhole er Tag für Tag und manchmal auch Jahr für Jahr die Wortschwingung: **„Gott ist Glück, Frieden und unvergänglicher Reichtum; seine Liebe fließt und strömt in mich ein.”**

Diese Worte werden nach und nach zur eigenen Natur und verändern mit Hilfe der Jadeschwingungen unser Gemüt und unsere Aura. Nur ein einziges Gebet schafft nicht die Vollkommenheit. Tropfen für Tropfen fließt in das Meer und es entsteht ein Ozean.

Rein physisch wirkt Jade harmonisierend auf Nieren, Herz und Nerven. Bei Nierenproblemen empfiehlt es sich, eine Jadekette um den Bauch zu tragen.

JASPIS

Verschiedenfarbiges feinkörniges Quarzaggregat: braun, grau, gelb, grün, rot, gemustert, bunt.

Physische Heilwirkung:
Kräftigt die Blase, regt die Galle an, wirkt heilend auf Geschwüre ein, regt die Hormontätigkeit an.

gemusterter Jaspis	-	Leber
buntbrauner Jaspis	-	Verdauung, Haut
rotbrauner Jaspis	-	Nieren, Hypophyse
grauer Jaspis	-	Sodbrennen

Seelische Heilwirkung:
Baut Ängste ab, regt den Willen an, fördert die Verständnisbereitschaft, stärkt die Seelenkraft, regt die Traumtätigkeit an.

Gelber Jaspis

Physische Heilwirkung:
Regt die Tätigkeit der Bauchspeicheldrüse und der Galle an, kräftigt die Blase, wirkt bei Verstopfung.

Seelische Heilwirkung:
Fördert die Verständnisbereitschaft, erweitert sensitives Erfassen.

Grüner Jaspis

Physische Heilwirkung:
Schützt bei Erd- und Röntgenstrahlung, stärkt das Immunsystem und die Lunge, wirkt Hautreinigend, vitalisiert, hilft bei Sodbrennen und bei Erkrankungen der Atemwege, die Leber wird durchblutet.

Seelische Heilwirkung:
Wirkt bei Unausgeglichenheit, stärkt das Einfühlungsvermögen und den Willen.

Jaspis allgemein

Der Jaspis in seiner buntgemusterten, vielfältigen Art öffnet die hinteren Chakren im Wirbelsäulenbereich und regt uns somit an, den Willen zu entfalten, um höhere Aspekte unseres Selbstes kennenzulernen und einzusehen.

Da durch diesen Stein die Hypophyse und das Kehlkopfchakra angeregt werden, hilft dies, die tiefen unbewußten Schichten in uns zu lüften. Unterschwellige Ängste hindern uns, die eigene Schwäche herauszufinden, aber Jaspis erzeugt Mut und Willen zur Veränderung und er löst Ängste auf.

Trage einen Jaspis nahe am Herzchakra als Kette oder als Anhänger. Beim Einschlafen nimm einen Handschmeichler in die Hand. Der Jaspis wirkt nicht schnell und ausgeprägt, sondern langsam und sanft. Nach einiger Zeit erst wird die Veränderung bewußt.

Der Jaspis ist sehr geeignet für Kinder, die sich unterdrücken lassen und unter Ängsten leiden. Er unterstützt die Widerstandsfähigkeit des Körpers und kräftigt die Thymusdrüse.

KORALLE

Rosa, rot, rotweiß, weiß bis schwarz, undurchsichtiges Kalziumkarbonat, organisches Meeresprodukt.

Physische Heilwirkung:
Wirkt blutbildend und blutreinigend (Anämie), kräftigt die Schleimhäute, hilft bei Zahnfleischerkrankungen, Verstopfung, Gelbsucht, Rachitis (vorbeugend) und Fettleber, durchblutet die Sexualorgane.

Seelische Heilwirkung:
Schafft seelische Ausgeglichenheit, innere Freude strahlt als Ausdruck von Schönheit nach außen, vermittelt Reinheit in der Gedankenwelt.

Koralle besteht aus verzweigten Skeletten von Meeresorganismen. Die Koralle ist ein Geschenk unserer Weltmeere und gilt bei den Tibetern und Indianern als heiliger Stein. Sie ist ein Symbol für den in Form gebrachten Geist, in dem trotz der Starre Leben und Bewegung vorhanden ist.

Koralle kräftigt unsere gesamte Wirbelsäule und stärkt Kreislauf und Blut. Der Stoffwechsel wird besonders intensiv durch Koralle angeregt, so daß Gifte aus dem Muskelgewebe gelöst werden können.

Bei Depressionen und Blutarmut trage eine Kette, einen Ring oder Ohrring, um Harmonie und Ausgeglichenheit in Dein Leben zu holen.

Koralle liebt es, in Salzwasser gereinigt zu werden.

KUNZIT

rosa, manchmal lila, durchsichtig, Lithium-Aluminium-Silikat

Physische Heilwirkung:
Kräftigt die Augen und die Nerven, regt die Peristaltik des Darmes an, stabilisiert das Herz und das Gehör, hilft bei Schwindelgefühl, Colitis, Magersucht und Übelkeit, vertreibt Phobien.

Seelische Heilwirkung:
Schafft Beharrlichkeit und Disziplin bei Vorsätzen, fördert die Verläßlichkeit, stabilisiert den Lebensrhythmus, macht liebesfähig.

Wer Kunzit trägt, spürt schon nach kurzer Zeit, daß in ihm ein Gefühl der Liebe entsteht und Herzenskraft erwächst.

Ein weiser Mensch erkennt schnell seine Fehler und setzt alles daran, sie stillschweigend zu bessern.

Ein dickköpfiger Mensch erkennt seine Fehler auch dann nicht, wenn sie ihm gezeigt werden; oft wird er zornig, wenn er sie gesagt oder gezeigt bekommt. Er hält sich selbst für makellos und vollkommen.

Der Kunzit verbreitet eine Schwingung, die ohne Worte, verborgen und sanft, Fehler offenbart und aufzeigt.

Die Fehler werden nach einiger Zeit plötzlich bewußt, dem Weisen schneller als dem Dickköpfigen, aber dennoch beiden. Durch die Fähigkeit, mit Kunzit Disziplin und Ausdauer zu entwickeln, wird noch ein anderer Aspekt in uns lebendig: Da wir als Persönlichkeit die Umstände, die im Laufe unseres Lebens eintreten, nicht ändern können, können wir doch unsere Einstellung zu den Dingen des Lebens ändern. Wie häufig stellen wir fest, daß unsere Bemühungen, Personen ändern zu wollen, scheitern.

Ändern wir aber unsere Einstellung und Haltung diesen Menschen gegenüber, dann bewirkt die in uns gefundene Harmonie und der eigene innere Frieden auch eine Wandlung unserer Umgebung. So kann jemand in den besten Verhältnissen recht unglücklich sein, wenn sein Gemüt und seine Einstellung schlecht sind, und unter den schlimmsten Bedingungen kann jemand glücklich und voller Frieden sein, wenn Gemüt und Einstellung gut sind. Nicht die Umgebung entscheidet, sondern unsere Einstellung zu den Dingen des Lebens.

Der Kunzit ist der Stein der liebevollen Toleranz. Allein durch diese Haltung werden viele Blockaden aufgelöst, und Krankheiten verschwinden schneller.

LAPISLAZULI

Undurchsichtig, königsblauer Stein, oft mit kleinen goldfarbenen Pyriteinschlüssen, Natrium-Aluminium-Silikat.

Physische Heilwirkung:
Senkt den Blutdruck,hilft bei Kopfschmerzen, Neuralgien, Halsschmerzen, Depressionen und Konzentrationsschwäche, senkt Fieber, schafft Linderung bei Insektenstichen und vertreibt Hitzegefühle im Verlauf der Wechseljahre.

Seelische Heilwirkung:
Stärkt das Selbstvertrauen, erhöht die Intuition, vermittelt Freude und Sanftheit, vertreibt Ängste; Stein der Freundschaft.

Der Lapislazuli ist der Stein der sanften Vollkommenheit. Seine tiefblaue Farbe erinnert an den Himmel und das

Gewand Marias, der Mutter Jesu, welches auf fast allen Gemälden in diesem wunderschönen Königsblau erscheint.

Er öffnet viele unserer Chakren, besonders das Hals- und Stirnchakra. Alle Aspekte unseres Seins erfahren Veredelung, wenn wir mit diesem Stein arbeiten oder ihn tragen.

Es ist nicht gut, darauf zu warten, plötzlich vollkommen und heilig zu sein. Aber noch in dieser Minute sei liebevoll und verständig. Schließe Deine Augen, lege einen Lapislazuli auf Dein Stirnchakra (3. Auge) und sprich leise, aber intensiv, die Worte:

Frieden sende ich dem Osten,
dem Ort der Erleuchtung.
Frieden sende ich dem Süden,
dem Ort der Reinheit.
Frieden sende ich dem Westen,
dem Ort der Veredelung.
Frieden sende ich dem Norden,
dem Ort der Weisheit und Kraft.
Der Frieden sei in mir
und um mich.

Der Mensch ist in der Regel nicht schon groß geboren (Seelengröße), er muß diese Fähigkeit zur Größe entwickeln. Auch Heilige kommen nicht als solche zur Welt. Der Mensch wird heilig oder vollkommen durch außergewöhnliche Anstrengungen. Ständiges, unaufhörliches Üben der Liebe und Güte sind Voraussetzung. Diese Anstrengungen segnet Gott mit seiner Gnade.

Der Lapislazuli hilft uns bei unseren Anstrengungen sowohl körperlich als auch geistig. Er reinigt den Organismus, löst Stauungen und Blockaden energetisch auf, hilft uns bei Wechseljahrbeschwerden und Bluthochdruck. Im Umgang mit anderen Menschen fördert er Erkennen und Weisheit. Bei der Meditation erhebt er uns in andere Ebenen. Intuition und Güte werden in uns geweckt. Die Konzentrationsfähigkeit wird durch Lapislazuli erhöht und die Klarheit von Gedanken entwickelt. Der Lapislazuli bringt die feinstofflichen Körper in Einklang, so daß jede Persönlichkeit ihren spezifischen eigenen Ausdruck und ihre Originalität verbessern und bewußter ausleben kann. Alle Meridiane und Akupunkturzonen werden aktiviert und gekräftigt.

MALACHIT

Opakes Grün, durchgezogen von Wellenmustern, Kupfercarbonat.

Physische Heilwirkung:
Er hilft bei Asthma, Gicht, Bronchitis, Rheuma, Ischiasbeschwerden und lindert Schmerzen aller Art,stabilisiert den Kreislauf und die Wirbelsäule, krampflösend allgemein und besonders bei Koliken und bei Epilepsie, kräftigt das Herz und den Magen, reinigt die Nieren, regt die Bauchspeicheldrüse an, unterstützt Therapien bei Leukämie, lindernd bei Rachenentzündung, steigert die Konzentrationsfähigkeit, stützt Heilbehandlungen nach Strahlenschäden.

Seelische Heilwirkung:
Stützend bei Autismustherapien, fördert die Entwicklung zur Selbstständigkeit (Ablösungsproblematik), fördert Kreativität.

Der Malachit hilft mit sanfter Eindringlichkeit, die verborgenen Schatten in uns ans Tageslicht zu fördern, unser Spiegelbild zu sehen.

Über den Traum, die Meditation oder das Tagesbewußtsein wird uns nach und nach unser Schatten bewußt. Der Malachit hilft, ihn zu erkennen, ihn anzunehmen und zu verarbeiten.

Es ist nicht ratsam, sich davor zu fürchten, denn man pflückt auch eine Rose mit Dornen.

Fürchte die Prüfungen nicht, sie bringen Wachstum und Erfolg. Durch eigene Kraft und eigene Macht ist es nicht möglich, die verborgenen Winkel des Inneren zu durchlichten.

Um die Energie des Schattens zu nutzen, öffne Dich, um zuvor göttliche Kraft in Dein Bewußtsein aufzunehmen. Je mehr sich die inneren Kräfte entwickeln, um so schneller wächst die Seele. Aber nur wenn der Schatten erscheint, ist Wachstum möglich. Schatten heißt nicht immer Leid und Elend, sondern unter anderem, sein eigenes Unvermögen und seine Begrenztheit zu akzeptieren.

Malachitenergie ist äußerst sanft, aber stark und schnell bei der Abhilfe körperlicher Gebrechen.

Besonders bei Nackenverspannungen tritt häufig schon nach 2 - 3 Minuten Besserung ein. Der Kreislauf wird leicht angeregt, und bei Asthma und Bronchitis kann er im Einzelfall schnell und tief Linderung verschaffen.

Bei Unausgeglichenheit zwischen rechter und linker Gehirnhälfte wirkt Malachit ausgleichend, darum kann man ihn gut bei Legasthenie, Epilepsie, Autismus, Sehproblemen und Konzentrationsschwierigkeiten einsetzen. Auch negative Energien und krankmachende Schwingungen filtert der Malachit mit seiner Energie.

Er sollte häufiger als andere Steine gereinigt werden. Er ist entzündungshemmend, was nicht zuletzt seinem hohen Anteil an Kupfer zuzuschreiben ist.

MONDSTEIN

Milchig, weiß-blau-rosa durscheinend bis undurchsichtig, Kalifeldspat.

Physische Heilwirkung:
Hilfreich bei Erkrankungen des Drüsen- bzw. Lymphsystems, bei Hormonstörungen; einzusetzen bei Geschwülsten (Eierstock, Darm und Magen); entgiftend, Krebsvorbeugend, wirkt stabilisierend auf die Epiphyse (Gelenk der Röhrenknochen).

Seelische Heilwirkung:
Vertreibt Ängste, hilfreich bei Streß, erhöht die Sensibilität, bewirkt ein intensives Traumerleben, erhöht die Yin-Kräfte (Weiblichkeit).

Wenn sich ein gewöhnlicher Mensch auf die Suche macht, sein inneres Reich (Mikrokosmos) kennenzulernen, schließt er die Augen und lauscht in sein Inneres hinein.

Vor seinem inneren Auge tauchen die verschiedensten Bilder auf. Das Spektrum reicht von wohligen Szenen bis zu Haßtyraden. Und je mehr der Versuch unternommen wird, Gedanken und Bilder zu fixieren oder gar zu verbannen, um so mehr zersplittern und zerfließen sie in ein Gemisch alltäglicher Erscheinungen. Dem Ungeübten wird resignierend klar, wieviel Einsatz es erfordert, in der Meditation ein Bild oder einen Gedanken zu betrachten.

Dieser Mangel an Konzentrationsfähigkeit wird leicht und ausschließlich der zeitgemäßen Hektik zugeschrieben als ein Unvermögen, das durch Zeitdruck und Medienfluten geschaffen wurde. In Wirklichkeit offenbart sich hier der Verlust des weiblichen Aspekts (Yin) unserer Gesellschaft, dem das Kriegerische, Atomisierende,

Jagende und Hetzende weniger angehört. Die weibliche Seite unserer Gesellschaft ist verschüttet worden und nicht wieder aktiviert, weder beim Mann noch bei der Frau selbst.

Mondsteinenergie hilft, das empfangende, umfassende und hütende Element in uns zu entfalten.

Die Größe, Güte und Leuchtkraft eines Wesens beruhen auf der Fähigkeit, die Gegenwart des Göttlichen in sich zu empfangen, in sich wachsen zu lassen, um es aktiv zu leben. öffnen wir also unser Bewußtsein für das Göttliche wie eine Schale. Mondsteinenergie bereitet das Bewußtsein auf dieses „Öffnen" vor.

Alle weiblichen Kräfte können durch diesen Stein erwachen. Der Mondstein regt unsere Träume an und fördert die Intuition. Schildrüsenprobleme können reguliert werden. Bei fast allen Frauenleiden sollte Mondstein getragen oder aber ein Elixier bereitet werden.

OBSIDIAN

Schwarzes, undurchsichtiges Lavaglas, farbgebende Substanz Eisen; er zählt im eigentlichen Sinne nicht zu den Mineralien, deshalb wird er in der Fachliteratur auch nicht aufgeführt.

Physische Heilwirkung:
Krampfadern, Verdauung, beugt Schlaganfall vor, Schlafstörungen.

Seelische Heilwirkung:
Klärung der emotionalen Probleme.

Der Obsidian sollte nicht als Schmuck getragen werden, weil sein Energie nur im Zusammenspiel mit anderen

Edelsteinen heilend wirken kann. Er begünstigt die Entfaltung aufkommender Beschwerden und mit seiner Kraft kann er das körpereigene Energiesystem stören.

Alles Lichte nimmt er in sich auf, um Ängste, Konflikte und tiefsitzende Emotionen zu transformieren. So ist sein Einsatz mit anderen Steinen gerechtfertigt (besonders Bergkristall), damit ein Ausgleich zwischen „Licht" und „Finsternis" geschaffen wird (vgl. Abb. unten).

Bestimmte Übungsabläufe mit dem Obsidian fördern den geistigen Fortschritt:

1) Stelle Dir vor, was Du in Dir als Schwäche, Verneinendes, Unvollkommenes erkannt hast. Denke Dir, daß dieses über die Handchakren in den Obsidian eingesogen wird.
2) Danke dafür, daß der Obsidian alles Schwache aufgesogen hat. Später vergiß nicht, den Stein gründlich mit Salzwasser zu reinigen.
3) Denke nun darüber nach, daß Du ein göttliches Wesen bist, ein Kind Gottes. Denke unaufhörlich über die Eigenschaften der Liebe nach und nimm Dir vor, sie in Dein tägliches Verhalten zu integrieren.

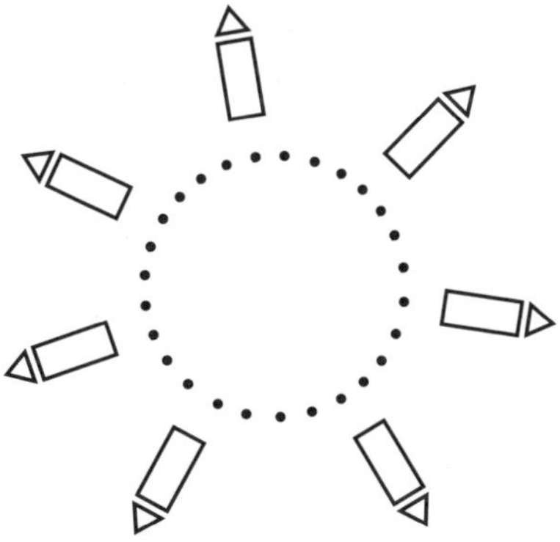

Diese Übung, das Göttliche in Dir zu mehren und das Dunkel zu verringern, bringt schnell und sicher Klarheit in Dein Leben.

OLIVIN (Peridot, Chrysolith)

Durchscheinend olivgrünes bis gelblich-grünes Eisenmagnesiumsilikat.

Physische Heilwirkung:
Wirkt bei Verstopfung und Magen-Darmproblemen, senkt die Allergieempfindlichkeit und hilft bei leichten Entzündungen, stärkt das Sehvermögen, regt die Leber und die Funktion der Nebennieren an, vertreibt Depressionen, öffnet das Herzchakra.

Seelische Heilwirkung:
Vermittelt Freude, Leichtigkeit, Klarheit, Gelassenheit und Geduld.

Durch die Energie dieses Steins haben wir leichten Zugang zu unserem Höheren Selbst. Alles um Dich herum ist so groß und schön, wie Du es bist. Trage den Himmel in Deinem Herzen, und wo immer Du hingehst, begegnet Dir der Himmel.

Der Olivin mit seiner sanften Leuchtkraft macht uns dies täglich bewußt. Er ist der Stein der Leichtigkeit und Unbeschwertheit. Wer in diesem Sinne blockiert ist, wird durch die Energie des Olivins bald umgewandelt.

Der Olivin ist nicht auf der Edelsteinfarbtafel im Anhang abgebildet.

ONYX

Schwarzer Achat, undurchsichtig.

Physische Heilwirkung:
Stabilisiert Knochen, Zähne, Nägel, Haare, regt Magen, Darm und Bauchspeichedrüse an, beruhigt die Nerven.

Seelische Heilwirkung:
Vertreibt Ängste, schützt vor negativen Einflüssen, bewirkt Freude, macht widerstandsfähig, schafft Ausgleich zwischen Seele und Körper (Psyche-Soma).

Der Onyx verleiht durch seine Energie ein zuverlässiges Wesen und innere Stärke. Wenn eine Persönlichkeit schnell in Aufregung und Angst gerät und sich vor Negativität nicht zu schützen vermag, trage sie einen Ring oder eine Kette. Der Onyx stabilisiert besonders gut den Solarplexusbereich und schützt diese Zone.

Er stärkt den Knochenaufbau und fördert die Blutbildung.

OPAL

Wasserhaltige Kieselsäure, undurchsichtig bis durchsichtig, schillernd in allen Regenbogenfarben.

Physische Heilwirkung:
Kräftigt die Augen, stabilisiert den Kreislauf, stärkt das Herz, regt Magen und Darm an, wirkt stabilisierend auf alle Chakren ein.

Seelische Heilwirkung:
Vermittelt Freude und Klarheit in den Empfindungen und Gefühlen, stärkt die Intuition.

Der Opal mit seinem leuchtenden Regenbogenfarbspektrum ist das Spiegelbild der Ganzheit. Er ist porös und leicht zerbrechlich. Die Energie dieses Steins aktiviert alle Chakren und wirkt besonders auf den Astral- oder Emotional-Körper.

Er verstärkt jeweils die bestehenden Emotionen. Ist eine Persönlichkeit ausgeglichen, harmonisch, glücklich und voller Freude, so werden diese Emotionen verstärkt und reflektiert. Ebenso wird ein depressiver Gemütszustand verstärkt und reflektiert. Wer in einem wahren Wechsel der Gefühle steht, der wird durch diesen Stein seine Mitte nicht finden. Diese typische Auswirkung des wunderschönen Steins mag seinen Ruf als „Unglücksstein" begründet haben. Es ist also ratsam, den Stein in einem ausgeglichenen Gemütszustand zu tragen. Wer sich bemüht, das Gleichgewicht zu wahren und entsprechend der göttlichen Gesetze von Harmonie und Liebe zu leben, wird die Vielfalt, Tiefe und Schönheit des Lebens mit Opal verstärkt wahrnehmen können.

PYRIT

Goldfarbener, glänzender, undurchsichtiger Eisenkies.

Physische Heilwirkung:
Wirkt bei Bronchitis, Atemwegserkrankungen, Durchblutungsstörungen, Menstruationsstörungen.

Seelische Heilwirkung:
Bei nervöser Erschöpfung, Frustration, falscher Hoffnung.

Der Pyrit ist ebenso wie der Obsidian ein Stein, der Blockaden löst. Er sollte nicht als Schmuck getragen werden und nicht im Schlafraum stehen. Für kurze Anwendungen ist er eine ausgezeichnete Hilfe, besonders die Pyrit- oder Markasitscheiben. Man kann sie über die Problemzone legen (maximal 5 - 10 Min.). Bei Koliken und Krämpfen wirken sie schmerzlösend und heilend.

RAUCHQUARZ

Rauchbraun, hell-dunkelbraun, bis schwarz.

Physische Heilwirkung:
Kräftigt Lunge, Herz, Muskelsystem, Gewebe, reinigt die Nieren, regt die Bauchspeicheldrüse an.

Seelische Heilwirkung:
Beruhigend, vermittelt Erdung bei starker geistiger Beanspruchung, vertreibt Depressionen, erhöht die Empfindsamkeit, schützt bei Suizidgefahr, bei entsprechender Disposition Erweckung der Kundalinikräfte.

Der Rauchquarz wird dem 1. Chakra zugeordnet und kann dort tiefgreifend und reinigend wirken. Über den Rauchquarz strömt Lichtenergie in den Äther-Körper.

Das Wurzelchakra ist dem Rauchquarz zugeordnet. Es steht für Überlebenswille und Selbsterhaltungstrieb.

Der Rauchquarz verbindet uns mit der Erde und läßt darüberhinaus viel Licht in uns einströmen. Damit macht er uns fähig, unsere wahre Berufung zu erkennen. Er hilft, das Dunkle in Licht zu verwandeln.

Und wie der süße Duft von Jasmin Landschaften erfüllt, so erfüllt der Rauchquarz unseren Schlaf mit wunderbaren Träumen. Es wird ersichtlich, wie gut dieser Stein für alle Menschen ist, die schnell durch Situationen des Alltags erschöpft werden und deshalb auch zu Depressionen neigen.

Aber auch das geistige Leben erfordert ein wachsames und offenes Gemüt, d.h. auf dem Weg der Liebe muß klar sein, daß Stolz, Egoismus und Eifersucht überwunden werden müssen. Der Rauchquarz unterstützt in dieser Hinsicht jedes Ringen und Bemühen.

RHODOCHROSIT

Undurchsichtiges bis durchsichtiges Manganspat. Rosarot mit weißen Mustern und Streifen.

Physische Heilwirkung:
Wirkt hemmend auf den Entmarkungsprozess bei Multiple Sklerose, senkt die effektive Erregung bei der Parkinson-Erkrankung, stärkt das Herz, reinigt die Nieren, regt Milz und Bauchspeicheldrüse an.

Seelische Heilwirkung:
Erhöht die allgemeine Aufmerksamkeit, schafft Antriebsstärke, vertreibt Ängste, beugt Alpträumen vor und stärkt das Selbstbewußtsein.

Der Rhodochrosit ist ein wunderbarer Energieverteiler, und es ist immer wohltuend ihn zu tragen. Die drei feinstofflichen Schwingungskörper (Äther-, Astral-, Mental-) werden harmonisiert und durchlichtet.

Der Rhodochrosit erzeugt durch seine Fähigkeit, Schwingungsebenen zu harmonisieren, ein enormes Kraftfeld um uns, so daß Fremdeinflüße weit weniger schädigend auf unseren feinstofflichen Bereich einwirken können. Unsere tägliche Arbeit wird durch das Tragen von Rhodochrosit interessanter und schöner, weil der Energiefluß über das Herz liebevolle Gefühle erzeugt. Eine Vergeistigung des Alltäglichen wird intuitiv wahrgenommen. Man könnte sagen, mit der Energie von Rhodochrosit lernt die Seele das Reich Gottes kennen.

Das Reich Gottes ist nicht eine Sache des Erkaufens. Je mehr unser Herz in Liebe zu Gott erblüht, desto mehr sind auch unsere Taten durchströmt von der göttlichen Gegenwart. Durch ein weites und vertrauenvolles Öffnen können wir das Reich Gottes in uns sehen und erkennen. Rhodochrosit ist der Schlüssel zur Kausalebene, er öffnet unser inneres Auge.

Multiple Sklerose ist z.B. eine Krankheit, bei der die feinstofflichen Schwingungsebenen nicht harmonisch ineinander übergehen. Durch tiefsitzende Urängste und Disharmonie der feinstofflichen Körper schließen sich zunehmend die Chakren, bis keine Lebensenergie mehr zirkulieren kann.

Rhodochrosit ist ein Stein, der in Verbindung mit Turmalin im Feinstofflichen Wandlungen erzeugt, und nach längerem Tragen werden körperlich wohltuende Veränderungen verzeichnet.

RHODONIT

Dunkelrosa Mangansilikat, mit schwarzen Flecken und Adern.

Physische Heilwirkung:
Stärkt Knochen, Herz und Lunge, wirkt wie der Rhodochrosit bei der Parkinson-Krankheit, wirkt heilend im Innenohrbereich.

Seelische Heilwirkung:
Erhöht die Empfindsamkeit, stärkt das Selbstvertrauen, hilft gegen Ängste.

Der Rhodonit ist in seinen Schwingungen mit dem Rhodochrosit verwandt, wiewohl sie mineralogisch grundverschieden sind. Seine Energie wirkt hilfreich bei Veränderungsprozessen, die in uns oder in unserer Umgebung stattfinden. Er „lenkt" unsere Gedankenwege immer auf das Höhere und Edlere hin.

ROSENQUARZ

Rosafarbiger Quarz

Physische Heilwirkung:

Stabilisiert das Herz-Kreislauf-System, stärkt die Blutgefäße, begünstigt die Bildung roter Blutkörperchen, reinigt die Nieren, stärkt die Lunge, entgiftet die Leber.

Seelische Heilwirkung:
Harmonisiert den Gefühlshaushalt (Launenhaftigkeit), vertreibt Ängste und Ärger, schützt vor negativen feinstofflichen Einflüssen, lehrt die Fähigkeit zur Vergebung.

Der Rosenquarz ist ein Herzstein; er fängt alle Aspekte und Assoziationen des Begriffes „Herz" auf und umhüllt sie mit seiner Energie. Doch seine unfaßbare Kraft ist maßgeblich jenem „Herzen" zugewandt, das berufen ist, der Liebe bei der großen Umwandlung ein dienender Begleiter zu sein. So erreicht die Energie des Rosenquarzes jenes Offenbarungszentrum des Menschen, das wahrhaft offenbart, wer und was der Mensch ist. „Denn der Mensch ist im Grunde nur das, was sein Herz ist." Und alle Handlungen und Übungen, um dieses Herz zu bilden, sei es mit Rezitationen, Meditationen, Gebeten oder Andachten, werden mit der Rosenquarzenergie verstärkt.

RUBIN

Dunkelrot, durchsichtiger bis undurchsichtiger Korund; farbgebende Substanz ist Chrom.

Physische Heilwirkung:
Stabilisiert den Kreislauf, hebt den Blutdruck an, stärkt

das Immunsystem, Kreislauf, Blutdruck (anhebend), Stoffwechsel (Ausgleich), Verdauungsprobleme, stützt Therapien bei Leukämie, entzündungshemmend im Hals-Nasen-Ohrenbereich, regt die Hypophyse an.

Seelische Heilwirkung:
Verstärkt die Freude und schwächt die Trauer, vertreibt Melancholie, stärkt die Selbstachtung und das Selbstvertrauen, läßt Enttäuschungsschmerz schneller zurück.

Der Rubin besteht aus kristallisierter Tonerde wie der Saphir. Seine Hauptaufgabe besteht darin, Antriebskraft, Lebenskraft und Lebensbejahung in uns zu entwickeln. Mit seinem leuchtenden Rot und seiner Schwingung von Kraft regt er an, über Macht und Ohnmacht nachzudenken.

Wer Macht mißbraucht, verletzt sich selbst. Wer dem Mitgefühl Raum gibt, dessen Macht wird zur Weisheit. Es gibt keinen Menschen auf der Welt, wie sündig und böse er auch sein mag, der nicht das Göttliche in sich trägt, das irgendwann in ihm, wie auch immer, erspürbar wird. So entwickelt der Rubin Stärke und Macht, die zum Wohle aller Menschen eingesetzt werden wollen. Wer unter Störungen des Nervensystems leidet, sollte Rubin nicht tragen.

Der Rubin verstärkt Nervosität. Wenn eine Persönlichkeit unter mangelnder Durchsetzungskraft leidet, weil ihr Selbstbewußtsein oder Führungsqualitäten fehlen, dann trage sie Rubin.

Ebenso sinnvoll ist der Rubin da eingesetzt, wo Persönlichkeiten vor einem Auditorium zu sprechen haben, wo Dynamik und Herzensenergie überspringen sollen.

RUTILQUARZ

Durchsichtiger Bergkristall mit eingeschlossenen Rutilnadeln.

Physische Heilwirkung:
Erhöht das Immunsystem, schützt vor Depressionen, vermittelt Lebenskraft, stärkt die Konzentration; Lunge, Bronchien und Luftwege werden gekräftigt.

Seelische Heilwirkung:
Schützt vor Aggressivität, beruhigt unseren Geist und Körper.

Der Rutilquarz ist ein Stein, der gut getragen werden kann, wenn man an Depressionen leidet; er löst Blockaden im Energiesystem auf und erhöht somit den Fluß der Lebenskraft. Der Rutilquarz ist in seiner Schwingung sehr mit dem Tigerauge verwandt.

SAPHIR

Blauer, grüner, gelber, violetter oder weißer Korund.

Physische Heilwirkung:
Wirkt kräftigend und heilend bei allen Augenerkrankungen (besonders Augenstar), senkt den Blutdruck, hebt die Konzentration, stabilisiert den Bereich des Kehlkopfchakras, beugt Koliken vor, stützt Therapien bei allen Tumorerkrankungen, stärkt das Muskelsystem, durchblutet die Haut, hilft bei Ohrenerkrankungen.

Seelische Heilwirkung:
Läßt seelische Härten besser „verdauen", baut Streßsymptome ab, beseitigt Angst und Depressionen, beru-

higt Hyperaktive.

Der Saphir, der auch wie der Rubin zur Gruppe der Korunde gehört, inspiriert unseren Geist und stärkt Gedankenkraft.

Er regt zu Gebet und Meditation an und weckt die Sehnsucht nach spiritueller Erleuchtung und Frieden. Denn die Quelle der Freude liegt nicht außerhalb des Menschen, sondern in seinem Inneren, wo sich das Göttliche eingesenkt hat.

Der Saphir zentriert alle äußeren Schwingungen, um Verinnerlichung zu erwecken. In Verbindung mit spirituellen Übungen wie Meditation, Gebet und Schweigen bildet er eine Schicht von Kraft um unsere Aura. Dadurch wird oberflächliches Denken abgewiesen, und irdische Sorgen, die sich manifestieren wollen, werden zerstreut.

Wichtig ist aber immer wieder, kritisches Verurteilen von Menschen und ihren Handlungen zu meiden. Ständige Kritik in dieser Hinsicht erzeugt einen Geisteszustand, den man mit einer verdorrten Frucht vergleichen kann. Der Saphir läßt einen gelassen und friedvoll sein und hilft, den Pfad der Oberflächlichkeit zu verlassen. Saphir kann gut als Ring getragen werden, weil er an der Hand Heilschwingungen für einen selbst und auch andere aussendet. Als Kette getragen ist er für die Aura der Persönlichkeit von hohem Nutzen.

SMARAGD

Flaschengrüner Beryll, farbgebende Substanz ist Chrom, transparent durchsichtig bis trüb.

Physische Heilwirkung:
Lindert rheumatische Beschwerden und Gicht, hilft bei Kopfschmerzen, Grippe und Augenproblemen (Sehschwäche, Glaukom), stärkt das Herz, reinigt und durchblutet die Haut, kräftigt die Nieren, stabilisiert den Kreislauf und die Verdauung, regt die Thymusdrüse an, beruhigt das Nervensystem, absorbiert Radioaktivität, fördert den Aufbau der roten und weißen Blutkörperchen.

Seelische Heilwirkung:
Fördert geistige Klarheit und Einstellung zur Meditation, hilft, die Ursachen von Phobien zu erkennen und zu lösen, stärkt die Imaginationsfähigkeit.

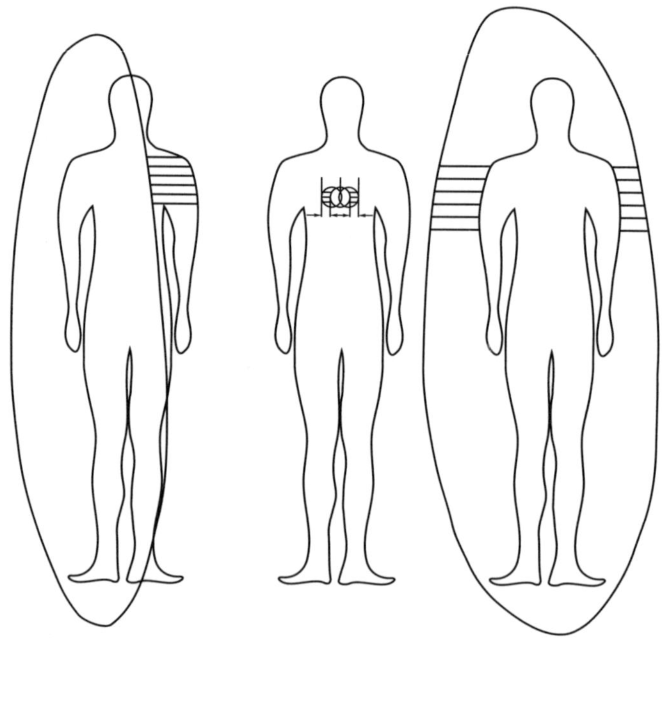

Der Smaragd ist ein Stein, der zwischen Mikrokosmos und Makrokosmos vermittelt.

Da, wo der Mensch aus freiem Willen handelt, reagiert das göttliche Gesetz auf seine Handlung mit sichtbaren und unsichtbaren Wirkungen.

Wenn nun eine Persönlichkeit in ihrem freien Willen nach dem Gesetz des Kosmos handelt, d.h. nach dem Gesetz der Liebe und Weisheit, wird sie geistiges Wachstum erfahren.

Smaragdelixier ist in Indien bis heute ein beliebtes Heilmittel bei Kopfschmerzen und Migräne und gut für die Augen. Das Elixier ist außerdem hilfreich, um unsere feinstofflichen Schwingungsfelder in Harmonie zu bringen. Wir verwenden oft den Ausdruck „Er/Sie steht neben sich", „Er/Sie ist außer sich", „Er/Sie hat das Herz nicht auf dem rechten Fleck". All diese Ausdrücke sagen auch über die Aura aus, daß kein Gleichgewicht vorhanden ist.

Wo also im oben angegebenen Sinne der Energiestrom nicht ungehemmt zirkulieren kann, vermag ein Smaragdelixier oder eine Smaragdkette etc. die drei feinstofflichen Körper (Äther-, Astral-, Mental-) zu harmonisieren. Außerdem wird das Herzchakra durch Smaragde geheilt, aktiviert und „zurechtgerückt", ähnlich wie beim Amazonit.

SODALITH

Undurchsichtiges dunkelblau, grau, weiß meliertes Natrium-Aluminium-Silikat.

Physische Heilwirkung:
Kräftigt das Lymphsystem, Strahlenschutz (Röntgen, Fernsehen, Computer).

Seelische Heilwirkung:
Fördert logisches Denken, erhöht Sensibilität und Selbstvertrauen, schafft Standfestigkeit Mut und Ausdauer, allgemein harmonisierend.

Dieser Stein ist besonders geeignet, wenn einer Persönlichkeit Mut und Ausdauer fehlen. Mangelndes Selbstbewußtsein wird durch Sodalit aufgehoben, weil mit Hilfe seiner Energie tiefsitzende seelische Kraft reaktiviert wird. Er ist nicht so stark wie all die anderen blauen Steine, aber er eignet sich besonders gut für Kinder, die sich im Wachstum befinden.

SUGILIT

Dunkel- bis hellvioletter Stein; komplexes Silikat der Milaritgruppe.

Physische Heilwirkung:
Festsitzende Verhaltensmuster auflösend, für Lymphe, Zellregeneration, Galle, Leber.

Seelische Heilwirkung:
Beseitigt Zweifel, erzeugt Demut, erhöht den Lebensmut, steigert den Energiefluß, gegen Depression.

Dieser Stein ist erst in unserem Jahrhundert entdeckt worden, und durch seine wunderbare Eigenschaft, den Energiefluß zu aktivieren und tiefsitzende Verhaltensmuster zu lösen, ist er bei jedermann beliebt und begehrt.

Auch als Meditationsstein eignet er sich hervorragend. Er hilft Depressionen, Mutlosigkeit und Schwäche zu besiegen. Er ist eine vorzügliche „Waffe" zur Verteidigung der Seele. Alle schlechten Strömungen und unreinen Kräfte werden dezimiert und umgeleitet.

Er erhellt das innere Bewußtsein und könnte als ein Schild betrachtet werden, der das feine und göttliche Licht einläßt und das Dunkel abhält.

TIGERAUGE

gold-gelbbrauner undurchsichtiger mit Fasern durchzogener Quarz.

Physische Heilwirkung:
Kräftigt die Luftwege und schützt vor Erkältungen, stärkt Magen und Augen.

Seelische Heilwirkung:
Erhöht die Konzentrationsfähigkeit, beruhigt bei seelischer Unausgewogenheit, erzeugt Harmonie und Selbstbewußtsein.

Die Energie dieses Steins pulsiert, sie strömt aus und zieht sich wieder zusammen.

Tigerauge ist hervorragend bei Erkrankungen der Luftwegegeeignet. Er kräftigt Lungen und Bronchien und hilft, die körpereigenen Abwehrkräfte zu stärken. Dieser Stein vermittelt Wärme und Wohlbefinden. Besonders kleine Kinder können ihn gut tragen, weil er sanft und harmonisch in seiner Schwingung ist. Bei chronischen Erkrankungen muß man etwas Geduld mit ihm haben.

TOPAS

Durchscheinend-transparent goldgelb, hellblau, zartrosa, blaßgrün, Tonerdesilikat.

Physische Heilwirkung:
Stärkt das Herz, stabilisiert den Magen-Darm-Trakt.

Seelische Heilwirkung:
Vertreibt Depressionen, Sorgen und Schlaflosigkeit; vorbeugend bei Eifersucht und Wut, erhöht die Konzentration.

Wenn eine Persönlichkeit eine günstige Atmosphäre schaffen möchte, um über Meditation das höhere Selbst zu erfahren, wirkt der Topas intensiv unterstützend. Wer sich aufmerksam beobachtet, wird bald erfahren, wie der Topas eine geistig positive Spannung schafft, wie er himmlische Harmonie erweckt. Er hüllt seine Umgebung in einen geistigen Wohlgeruch ein.

TÜRKIS

Himmelblau bis blaugrün opak, Tonerdesilikat, farbgebende Substanzen sind Eisen und Kupfer.

Physische Heilwirkung:
Kräftigt Herz und Lunge, stabilisiert den Kreislauf, regt die Schleimhäute an, wirkt allgemein bei Augenleiden und Kehlkopferkrankungen, hilft gegen Stottern.

Seelische Heilwirkung:
Vertreibt Ängste, erzeugt Selbstsicherheit und Ausgewogenheit, Schutz gegen fremde negative Energien, fördert die Kreativität.

Der Türkis ist ein weicher, empfindlicher Stein; er muß sorgfältig gepflegt werden.

Er hat die hervorragende Eigenschaft eines Schutzsteines. Energetisch absorbiert er alle negativen Fremdschwingungen, so daß man in sich ruhend durch „die Hölle gehen" kann. Alles Hinderliche auf dem Wege zu höherer Bewußtseinsentfaltung, insbesondere Unruhe, hält er ab. Das Samenkorn des Geistes sprießt eher im Schatten des Schweigens, als in Unruhe und Hektik. So ist Türkis in vielen Situationen des Lebens wertvoll und sogar unentbehrlich.

TURMALIN

Schwarzes, blaues, rosa, grünes, weißes Borsilikat, farbgebende Substanzen sind Chrom, Mangan, Nickel, Kobalt, Titan.

Schwarzer Turmalin - Schörl

Physische Heilwirkung:
Verhindert Lymphschwellungen, stärkt Herz und Nerven, gegen Syphilis.

Seelische Heilwirkung:
Schutz, gegen Angst, Alpträume, Unausgewogenheit, Erdstrahlen.

Rosa Turmalin - Rubellit

Physische Heilwirkung:
Kräftigt Herz und Leber, reguliert den Hormonhaushalt und durchblutet die Sexualorgane.

Seelische Heilwirkung:
Hilft gegen Angst und Ärger; stärkt Kreativität und Selbstbewußtsein, erzeugt Freude und Harmonie.

Weißer Turmalin - Achroit

Physische Heilwirkung:
Bildung von roten und weißen Blutkörperchen, regt die Verdauung an, Streß vorbeugend, reguliert Hormonstörungen, hilft bei Blutvergiftung.

Seelische Heilwirkung:
Erzeugt Ausgeglichenheit, fördert ruhigen Schlaf.

Grüner Turmalin - Verdelith

Physische Heilwirkung:
Gegen Grippe, Blutvergiftung, Halsentzündung; Blutdruckausgleichend, hilft im Bereich Herz, Nerven, Nieren, Thymusdrüse, Lymphe, Schilddrüse, Hormonhaushalt, Blutvergiftung; Streß vorbeugend.

Seelische Heilwirkung:
Gelassenheit, Harmonie, Konzentration, Schlaf.

Blauer Turmalin - Indigolith

Physische Heilwirkung:
Kräftigt die Lunge, regt die Schilddrüse an, entspannt den Nacken, beruhigt die Nerven, stärkt den Kehlkopfbereich, Krebs vorbeugend.

Seelische Heilwirkung:
Konzentration, Schlaf, Harmonie, Freude.

Wenn man allgemein von Turmalin redet, denkt jeder an grünen Turmalin, weil er wohl die bekannteste Variante ist. Der Turmalin ist vielfarbig und besitzt ein so breites Spektrum an Heilenergie, daß er zu Recht als „Krone der Edelsteine" betitelt wird. Alle Turmalinvarianten können einzeln und zusammen getragen werden. Die Schwingung des Turmalins kräftigt die Nerven, befreit von Streß und Übermüdung, hilft loszulassen und schafft neuen Raum für schöpferische Kraft. Der Turmalin ist wie eine brennende Kerze, die nie verlischt. Er beginnt, in der Seele das Eis der Unverständigkeit zu schmelzen.

Mit seiner Hilfe gelangen wir schnell in höhere Bewußtseinsebenen. Feinfühlige Menschen spüren alsbald, daß mit ihm neue Entwicklungsabschnitte eingeleitet werden. Der Turmalin bringt Ruhe und Gelassenheit. Er stärkt unsere weibliche Seite. Er kräftigt und begünstigt den Heilungsprozeß für alle Organe unseres Körpers. Er reguliert unseren Blutdruck und aktiviert Gedankenkräfte; unser Denken wird mit seiner Hilfe sensibler und dynamischer zugleich. Mit Rosenquarz kann er wunderbar kombiniert werden.

Beide Steine heilen und öffnen das Herzchakra.

Symptome, Krankheiten und Empfindungen

Akne:

Turmalin, Bergkristall

Bei Akne sollte man eine Kosmetikerin aufsuchen, die gründlich und tief die Poren reinigt, und danach Tag und Nacht Turmalin tragen. Lege Bergkristallschmeichelsteine als Unterstützung in Dein Aurafeld und bereite ein Bergkristallelixier und trinke täglich 2 - 3 Schluck davon.

Allergie:

Aquamarin, Amethyst, Aventurin, Moosachat, Jaspis

Der am meisten bewährte Stein ist Aquamarin. Teste aus, ob er in Deiner Hand warm wird; wird der Stein relativ rasch erwärmt, ist das ein Zeichen für den Energiefluß. Bleibt der Stein kalt, kann davon ausgegangen werden, daß er zunächst nicht förderlich sein wird. Trage den ausgewählten Stein als Kette Tag und Nacht und reinige ihn oft.

Alpträume:

Schwarzer Turmalin, Amethyst, Chalcedon, Granat, Kunzit

Besonders geeignet ist schwarzer Turmalin, den man unter das Kopfkissen legt oder beim Einschlafen in der Hand hält. Die anderen Steine können als Kette getragen werden.

Angst:
Schwarzer Turmalin, Sodalith, Chrysopras, Zitrin, Achat, Amethyst, Diamant

Erspüre, ob Deine Angst im Hals oder in der Magengegend (Solarplexus) sitzt; trage dort den Stein. Massiere täglich hinter den Ohren mit schwarzem Turmalin, lege Dich so häufig, wie Du magst, hin und lege ihn in Dein Aurafeld 2 - 3 cm vom Körper entfernt. Nimm dafür Schmeichelsteine, mindestens 8 Stück. Lege einen über den Kopf und einen an die Füße, sowie je drei rechts und links neben Dich. Atme dabei gedanklich Harmonie und Freude ein. Und mit jedem Atemzug atme Deine Angst aus. Je nach Disposition wird nach wenigen Übungen die Angst gemindert oder aufgehoben sein. Nach jeder dritten Übung reinige die Steine.

Antrieb (Antriebslosigkeit)**:**
Karneol, Bergkristall, Smaragd

Lege einen Karneol einen Handbreit unter den Nabel oder trage den Stein als Kette. Es ist günstig, mit Karneol seine Fußsohlen zu massieren und aus Bergkristall ein Elixier zu bereiten, um täglich einige Schluck davon zu trinken.

Apathie:
Karneol, Bergkristall, Smaragd, Jaspis

Als Handstein oder Kette.

Appetit:
Bergkristall, Topas, Jaspis

Als Schmeichelstein, Anhänger oder Kette. Auch als Ohrring geeignet.

Ärger:
Rosenquarz, Saphir, Chalcedon, Bergkristall

Lege Dich auf den Rücken, entspanne Dich einige Momente. Lege dann auf Dein Herzchakra einen Rosenquarz und in die Hände nimm Jaspis. Sprich den Hebräischen Namen „Nasi Shalom" (gespr. Näsi Schelöm), das ist der Gott des Friedens. Massiere hinter Deinen Ohren mit Saphir oder Chalcedon, denn hinter den Ohren sitzt der Akupunkturpunkt für Zorn, Kampfeslust und Gewalt. Lege danach einen Saphir oder Bergkristall kurz unter die Zunge.

Arthritis:
Amethyst, Rhodonit, Rhodochrosit, Malachit, Chrysokoll

Trage eine Kette.

Asthma:
Malachit, Tigerauge, Bernstein, Bergkristall, Aventurin

Den Malachit solltest Du bei spastischen Hustenanfällen als Kette tragen und im Notfall direkt auf die Atemwege legen. Wenn Zeit und Möglichkeit es zulassen, lege auf das Brustbein (Herzchakra) einen mittelgroßen Malachit und gruppiere um den Malachit nach außen gerichtete Bergkristallspitzen.

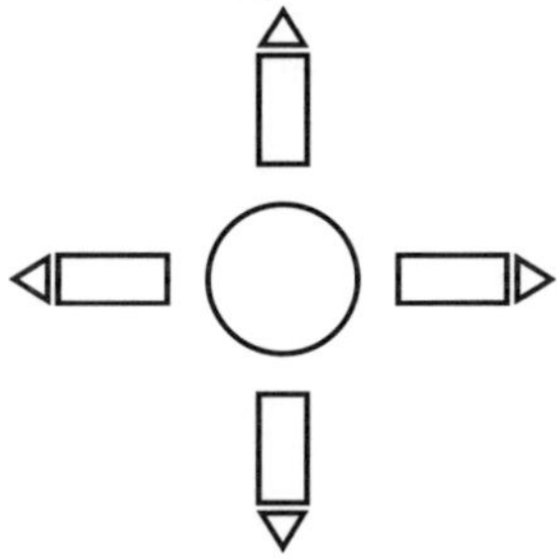

Atemwege:
Tigerauge, Bernstein, Malachit, Bergkristall

Bei allen Atemwegeproblemen ist es günstig, Tag und Nacht die geeignete Kette zu tragen. Außerdem ist es ratsam, täglich 15 - 20 Minuten das Aurafeld mit Steinen auszulegen, dafür nimm Schmeichelsteine aus Bergkristall oder Tigerauge. Einen Malachit lege auf Dein Herzchakra.

Aufmerksamkeit:
Saphir, Rhodochrosit, Tigerauge, Azurit, Chrysokoll

Lege Dir einen Schmeichelstein häufig auf das dritte Auge (Punkt zwischen den Augenbrauen) und trage einen Stein als Anhänger oder Kugelkette. Wenn Du Dich bemühst, Deine Konzentration täglich fünf Minuten auf einen Gegenstand zu richten, und dann einen entsprechenden Stein auf das dritte Auge legst, wird Deine Aufmerksamkeit, Deine Konzentrationsfähigkeit beachtlich zunehmen.

Augen:
Bergkristall, Smaragd, Chalcedon, Aquamarin

Lege täglich 2 rundgeschliffene Schmeichelsteine 10 Minuten auf Deine Augen. Trage eine kurze Kette. Zur Unterstützung massiere auch Deine Augenpartie bis zu den Ohren und massiere den entsprechenden Fußreflexzonenpunkt.

Autismus:
Diamant

Trage einen Ring am Ringfinger.

Bakterien:
Smaragd, Malachit

Bereite ein Smaragdelixier. Der Smaragd muß mindestens 2 Karat schwer sein und möglichst klar. Trinke dreimal täglich zwei bis drei Schluck. Malachit wird nur äußerlich angewendet.

Bandscheibe:
Malachit, Achat

Klebe einige Malachitsteinchen oder eine Achatscheibe mit Leukoplast auf die Problemzone. Sehr günstig ist es, eine Malachitkette um den Bauch zu tragen.

Beine (Erschöpfung)**:**
Achat, Rauchquarz, Onyx, Hämatit

Eine Achatscheibe mittlerer Größe ins Bett (Fußende) und so häufig wie möglich während der Ruhephasen unter die Füße legen. Die beste Wirkung kann erlangt werden, wenn man sich ein Fußkettchen um die Fußgelenke legt.

Beine: (siehe Krampfadern)

Beine (offen)**:**
Aventurin, Turmalin

Der Aventurin reinigt und entgiftet das Aurafeld. Nach ca. sechs Wochen wechsle die Kette oder nimm einen Turmalin als Kette oder Stein.

Beruhigung: (siehe Unausgewogenheit)

Bewußtlosigkeit:
Bergkristall, Obsidian, Onyx

Lege einen Bergkristall über den Kopf und massiere dann mit einem Obsidian oder Onyx das obere Glied des Mittelfingers (Akupunkturstelle).

Beziehungen:
Turmalin, besonders rosa Turmalin, Smaragd, Kunzit, Aquamarin

Wenn Du nicht in der Lage bist, Beziehungen aufrecht zu erhalten oder zu beginnen, fehlt es Dir an Einfühlungsvermögen und Offenheit. Vermagst Du in Deinem Gegenüber etwas Schönes und Einmaliges zu entdecken, werden Beziehungen zur Freude. Massiere häufig Dein Herz- und Dein Scheitelchakra mit einem der angegebenen Steine und atme Liebe und Harmonie ein; alles Dunkle und Schwere atme aus.

Bindehautentzündung:
Lapislazuli, Malachit, Bergkristall

Massiere mit diesen Steinen die Zonen neben Deinen Augen, die Schläfen und beide Seiten des Kinns. Schau Dir die Tafel „Fußreflexzonen" an und suche die Zone „Augen". Massiere mit den oben angegebenen Steinen diesen Punkt.

Bindegewebe:
rosa Turmalin (Rubellit), Kunzit

Massiere die geschwächten Stellen mit diesen Steinen.

Blähungen:
roter Jaspis, Achat, Rauchquarz

Lege zwei Steine von Jaspis oder Rauchquarz unter die Rippenbögen und zwei Achate je an einen Fuß, einen Bergkristall zwischen die Beine mit der Spitze zu den Füßen und massiere den Bauch in leichten kreisenden Bewegungen im Uhrzeigersinn mit einem Jaspis.

Blase:
Citrin, Rutilquarz, Bernstein, Jade, Jaspis

Bei Blasenschwäche und Bettnässen hat sich Citrin besonders gut bewährt. Trage diesen Stein als Kette, und des Nachts lege einen Jaspis auf den Bauch. Massiere häufig mit den angegebenen Steinen die Fußreflexzonenpunkte für Blase.

Blockaden (allgemeine Energieblockaden)**:**
Sugilit, Bergkristall

Fühle nach, wo Deine Blockaden sitzen, und lege oder klebe dort einen Sugilit auf. Nach einigen Tagen wechsle und nimm Bergkristall.

Blut:
Hämatit, Koralle, Moosachat

Trage den Stein als Kette oder lege einen Stein, so häufig Du kannst und während Du ruhst, auf Dein Herzchakra.

Blutdruck (anhebend)**:**
Rubin, Granat, Gold

Trage einen Ring mit den entsprechenden Steinen am

Mittelfinger; trage eine Kette oder ein Armband. Lege des Nachts oder beim Ruhen die Steine auf Deine Achseln und neben Deine Handgelenke.

Blutdruck (normalisierend)**:**
Turmalin, Amazonit

Blutdruck (senkend)**:**
Saphir, Lapislazuli

Trage ebenso wie bei „Blutdruck aktivierend" einen Ring am Mittelfinger mit den entsprechenden Steinen und lege oder klebe des Nachts die Steine je einen Stein auf das rechte und auf das linke Schlüsselbein.

Bluterguß:
Achat, Lapislazuli, Aventurin

Lege den Stein ca. ein bis zwei Stunden auf die Problemzone, eventuell umwickeln oder ankleben. Danach den Stein unbedingt reinigen.

Blutkörperchen (weiß)**:**
Bergkristall, Olivin, Achat, Chalcedon

Es empfiehlt sich, ein Elixier aus Bergkristall zu bereiten und täglich dreimal, zwei bis drei Schluck davon zu trinken.

Blutkörperchen (rot)**:**
Bergkristall, Koralle, Hämatit, Granat, Malachit, roter Opal, Rosenquarz

Als Halskette oder als Anhänger über dem Herzen tragen.

Blutungen (Wunden):
Bergkristall

Bei einer offenen Wunde binde einen kleinen Bergkristallschmeichelstein mit in den Verband ein. Lege ihn ca. 1 cm neben die Wunde.

Blutvergiftung:
Olivin, Diamant, Karneol

Aus dem Diamanten oder Olivin ein Elixier bereiten, außerdem sofort einen Stein aufs Herzchakra legen.

Brandwunden:
Chrysokoll

Bei Brandwunden ersten Grades den Stein mit sanftem Druck fünf Minuten auf der Zone plazieren. Bei Verbrennungen zweiten und dritten Grades lege oder binde den Stein neben die Wunde. Lasse ihn, solange Du magst, aber mindestens täglich zehn Minuten, neben der Wunde.

Bronchitis:
Malachit, Tigerauge, Bernstein

Trage den Stein immer über den Bronchien als Kette oder Anhänger.

Darmentzündung:
Achat, Onyx, Olivin, Beryll, Smaragd, Rhodochrosit

Trage eine Kette und klebe oder lege täglich neben Deinen Bauchnabel zwei dieser angegebenen Steine. Suche die Fußreflexzonenpunkte und massiere sie. Lege unter den Bauchnabel eine Achatscheibe.

Darmkrämpfe: (siehe Blähungen)

Depressionen:

Lapislazuli, Citrin, Bergkristall, Azurit, Rubin

Trage zuerst eine Kette Bergkristall, dann wechsle nach ca. zwei Monaten und lege, so häufig Du magst, ein Legemuster aus Bergkristall.

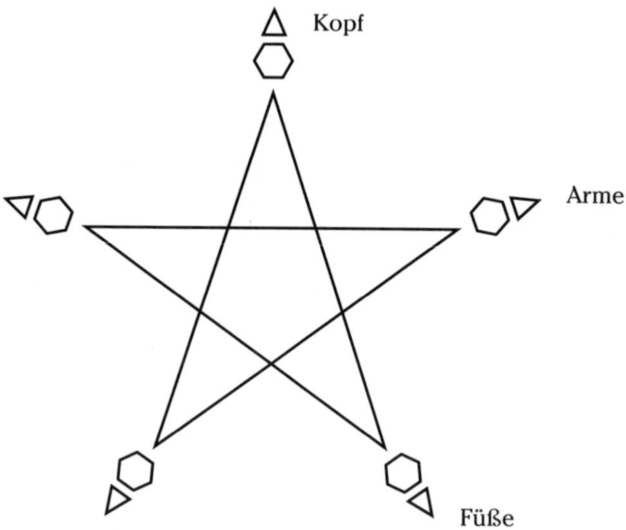

Fertige das Legemuster auf Deinem Bett an und lege Dich dort hinein, den Kopf zur Spitze, Arme und Beine ausgestreckt. Decke Dich zu, damit Dir nicht kalt wird, und bleibe ca. 15 bis 20 Minuten so liegen. Während des Liegens rufe leise auf Hebräisch den Gottesnamen El Schaddai (Gott ist Kraft), so oft Du magst, mindestens 12 mal. Danach richte Dich auf und mache einige Kniebeugen. Trinke Bergkristallelixier.

Diabetes (Zuckerkrankheit):
Citrin, Jade

Bei der Zuckerkrankheit handelt es sich um eine erblich bedingte und chronische Stoffwechselerkrankung mit einem relativen oder absoluten Insulinmangel. Nur bei relativem Insulinmangel kann Citrinenergie helfen. Trage eine Kette und bereite Dir aus echtem Citrin ein Elixier. Prüfe Deine Zuckerwerte; laß sie vom Arzt kontrollieren.

Drüsen:
Beryll, Chrysopras

Alle Drüsen sind über die jeweiligen Chakren zu erreichen. Bei Drüsenschwellungen besonders unter den Achseln haben sich Beryll und Chrysopras bewährt. Massiere die Drüsen mit diesem Stein 2 mal täglich.

Dünndarm:
Saphir, Onyx, Karneol, Achat, Azurit, Malachit

Die Ursachen aller Dünndarmprobleme liegen in tiefsitzenden Ängsten. Massiere Deine Stirn mit Saphir. Das Tragen einer Saphirkette läßt Deine Ängste aufbrechen. Suche eine Person auf, der Du vertraust und die Dir helfen kann, über Deine Ängste zu reden. Wenn Du Dich zu dieser Schwingung hingezogen fühlst, wiederhole leise oder laut den Hebräischen Namen „Derek Kedoschah Yirmeiahu" (der heilige Weg Gottes, der den Mutterschoß öffnet). Durch die Schwingung dieser Worte entstehen violette Lichtfunken, die den Unterleib heilen und Dich vorbereitet, loszulassen, damit tiefer Frieden und Vertrauen in Dir erwachen können.

Durchblutungsstörung:

Achat, Rubin, Granat, Heliotrop, Hämatit

Trage den Stein als Kette und massiere täglich mit einem Schmeichelstein Hände und Füße.

Durchfall:

Achat, Onyx, Beryll, Rauchquarz

Lege einen Stein auf den Bauchnabel, tagsüber binde den Stein mit einem Seidenschal fest und lege nachts immer Achat zu den Füßen.

Eierstöcke:

Rosenquarz, Granat, Rauchquarz

Trage eine Granatkette um den Bauch, und während der Nacht klebe Rosenquarz oder Rauchquarz auf Deinen Bauch.

Eifersucht:

Chrysokoll, Türkis

Trage eine Crysocollkette (es sei denn, Du bist Herzinfarkt gefährdet) und besorge Dir Türkisohrringe oder Anhänger (Donat). Trage sie nicht ständig, sondern nur in Augenblicken, in denen Du meinst, die Eifersucht nicht meistern zu können. Als zusätzliche Verstärkung sprich das Mantra: „Ruach Ha Koidesch" (der heilige Geist - oder der Geist der Unbestechlichkeit). Dieses Mantra bewirkt eine reine Partnerschaft. Blaue und gelbe Schwingungen werden durch das wiederholte Aufrufen erzeugt, so daß Ruhe und Erkenntnis in der Seele einkehren.

Eiterung:
Onyx, Bergkristall, Bernstein

Eiterung an den Extremitäten werden folgendermaßen behandelt: Eine Bergkristallspitze wird direkt neben oder auf die Problemzone gebunden (Mullbinden). In der Regel treten nach ca. 10 Minuten heftige Schmerzen auf, die nach weiteren 10 bis 15 Minuten wieder nachlassen.

Sollte der Schmerz zu groß werden, daß Du meinst, ihn nicht aushalten zu können, nimm den Kristall ab, warte einige Zeit und wiederhole den Vorgang. Schon nach sehr kurzer Zeit wirst Du eine enorme Besserung erfahren. Bei Eiterungen im Kiefer- oder Nasenhöhlenbereich trage man einen Bernstein oder eine Onyxkette.

Ekzeme:
Amethyst, Aventurin, Hämatit

Massiere in kreisenden Bewegungen die befallenen Hautstellen.

Entscheidungsschwierigkeit:
Azurit, Saphir, Rubin, Fluorit

Wenn Du nicht zu einer Entscheidung finden kannst, lege Dich ca. fünfzehn Minuten ruhig hin. Plaziere einen Saphir auf das dritte Auge (zwischen den Augenbrauen), einen Azurit auf das Kehlkopfchakra, einen Rubin auf das Herzchakra und einen Fluorit über Deinen Kopf. Bitte den Gott Deines Herzens, Dir die richtige Eingebung zu schenken. Entspanne Dich, warte einige Momente ab. Das, was dann in Dein Bewußtsein gelangt, ist die Antwort. Handle danach.

Entzündung:

Malachit, Aquamarin, Lapislazuli, Bernstein

Die Steine werden auf die Problemzone geklebt oder gebunden. Bei Sehnenscheidenentzündung ist Malachit besonders geeignet, den man aufklebt oder als Armband trägt.

Epilepsie:

Bergkristall, Amazonit, Amethyst, Kunzit, Diamant, Mondstein

Lege Dich so häufig Du magst in ein Energiefeld aus Amazonit. Wähle mindestens 12 Schmeichelsteine, massiere Dein Gesicht mit Amethyst und trage als Kette Amazonit oder Bergkristall. Lege des Nachts mindestens drei Steine (Amazonit) an Dein Kopfende und drei an Deine Füße.

Erdstrahlen:

Achat, Rosenquarz, Bergkristall, Karneol, Jaspis, Malachit, Sodalith

In letzter Zeit ist das Thema Erdstrahlen immer akuter geworden, und es ist beachtenswert, daß bestimmte chronische Erkrankungen einen ganz anderen Verlauf nehmen, wenn man seinen Bettplatz austesten läßt und ihn dann gegebenenfalls verändert. Es gibt genügend Literatur um sich mit diesem Thema auseinanderzusetzen. In jedem Fall ist es vorbeugend besser seinen Arbeitsplatz (Schreibtisch) oder sein Bett richtig auf- oder zu verstellen. In Ausnahmefällen ist es möglich, mit Edelsteinen eine Entstörung herbeizuführen. Jeder angegebene Stein hilft, die Wirkung der Erdstrahlen zu verkraften und auszugleichen. Im Schlafzimmer ist es möglich, ein Legemuster unter das Bett zu plazieren und eventuell den ganzen Raum zu entstören. Die Steine sollten alle drei bis vier Wochen gereinigt werden.

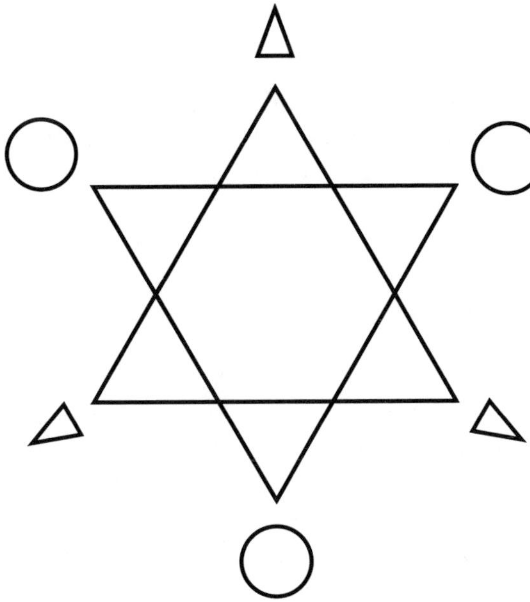

Erdung:

Achat, Rauchquarz, Heliotrop, schwarzer Turmalin, Hämatit

Erdung ist immer dann wichtig, wenn durch geistige Überanstrengung körperliche Beeinträchtigung wie Müdigkeit und Abgespanntheit auftreten. Personen, die an sich Unbeständigkeit und Wankelmut entdecken, bedürfen der Erdung. Lege die Steine an das Fußende Deines Bettes oder trage Fußkettchen. Nimm Kontakt mit der Erde auf. Lege Dich im Sommer einmal ohne Unterlage auf den Boden. Rieche die Erde, fühle jede Einzelheit, sei aufmerksam. Stecke Deine Finger einmal in die Erde und fühle, was geschieht. Bist Du elektrisch zu sehr aufgeladen (besonders im Winter bei Heizungsluft), laß kaltes Wasser über Deine Pulsschlagadern laufen und trage Rauchquarzschmeichelsteine in der Hosentasche.

Erkältung:
Turmalin, Bergkristall

Schon bei den ersten Anzeichen ist es ratsam, eine Kette zu tragen. Neigst Du besonders bei dem Jahreszeitenwechsel Sommer - Herbst - Winter - Frühling zu Erkältungskrankheiten, trage rechtzeitig eine Kette.

Erschöpfung:
Bergkristall, Rosenquarz, Topas

Lege Dein Aurafeld mit Bergkristallschmeichelsteinen aus oder mit Rosenquarz. Nimm mindestens acht Steine, einen an den Kopf, einen an die Füße und je drei rechts und links neben Dich. Trage tagsüber eine Bergkristallkette. Nimm ein nicht zu heißes Salzbad (Vollbad mit einem Pfund Salz). Bade ca. zwanzig Minuten. Spüle das Salz am Ende wieder ab und lege Dich unbedingt danach zwanzig Minuten ruhig hin. Lege Kristalle in Dein Aurafeld oder drei Bergkristallspitzen auf Deinen Körper. Einen auf die Stirn mit der Spitze nach oben, den zweiten auf den Solarplexus (Magen) mit der Spitze nach oben und den dritten Stein an die Füße mit der Spitze nach oben.

Farbenblindheit:
Smaragd

Trage diesen Stein so lange wie möglich bei Dir. Massiere Deinen Kopf von den Ohren bis zum Scheitelchakra. Bereite ein Smaragdelixier. Lege einen Wattebausch, der mit dem Elixier getränkt ist, täglich 1 mal auf Deine Augen. Stelle Dir dabei vor wie Licht in Deine Augen aufgenommen wird und sich im Kopf verteilt und dann durch Deinen ganzen Körper fließt.

Faulheit:
Jaspis, Moosachat, Heliotrop

Alle Jaspisarten aktivieren das Willenszentrum.

Fieber:
Achat, Lapislazuli, Chrysokoll

Lege Dir einen Achat an die Füße und einen aufs Brustbein. Halte einen Stein in der Hand.

Fruchtbarkeit:
Granat, Koralle, Bergkristall, Malachit, Mondstein

Die angegebenen Steine, besonders Koralle und Granat, bewirken durch ihre Energie eine stärkere Durchblutung des Unterleibes. Trage sie als Kette. Lege außerdem, so oft Du magst, in Dein Aurafeld Bergkristall oder Malachitschmeichelsteine. Solltest Du zu Fehlgeburten neigen, trage Mondstein und massiere damit Deinen Bauch.

Führungskraft:
Rubin

Wenn Du Vorträge halten mußt, vor einem kritischen Publikum, wenn Deine Persönlichkeit andere aufrichten soll, wenn eine Situation droht zu eskalieren, wenn Dein Selbstbewußtsein zu schwinden beginnt, trage Rubin.

Galle:
Jaspis, Bernstein, Sugilit, Citrin, Karneol, Magnesit, Edeltopas, Koralle.

Trage eine Kette und massiere mit Jaspis die Gallengegend und den Fußreflexzonenpunkt. Reinige die Steine nach ca. zwei Wochen.

Gebärmutter:
Heliotrop, Hämatit

Trage den Stein als Kette um Deinen Bauch und massiere mit einem Stein sanft Deine Fersen (siehe Fußreflexzone).

Geburt:
Granat, Mondstein, Hämatit, Moosachat

Vor der Geburt ist es ratsam, Granat, Hämatit oder Moosachat zu tragen. Beim Vorgang der Entbindung selbst ist es gut, einen Mondstein in der Hand zu halten.

Gedächtnis:
Azurit, Saphir, Tigerauge, Lapislazuli, Amazonit, Amethyst, Diamant, Bergkristall

Massiere die gesamte Schädeldecke mit einem milchigen Quarzkristall. Lege so oft Du magst einen Azurit auf Dein drittes Auge (zwischen den Augenbrauen). Trage einen der angegebenen Steine als Kette. Stelle auf Deinen Arbeitsplatz oder im Wohnraum, an den Platz Deiner Wahl eine Bergkristallgruppe oder einen Azurit. Für Kinder ist Tigerauge besonders geeignet.

Geduld:
Rhodonit, Aventurin, Rosenquarz, Olivin, Azurit, Malachit.

Trage diese Steine als Kette oder Anhänger. Als Schmeichelstein lege ihn häufig auf die Thymusdrüse.

Gefühllosigkeit:
Turmalin, Rosenquarz, Sodalith, Smaragd

Lege, so oft Du magst, einen schönen Rosenquarz auf Dein Herzchakra und plaziere rundherum kleine Turmalinkristalle.

Trage eine Rosenquarzkette, wechsle nach einem Monat und wähle einen Sodalith oder Smaragd.

Gehör:

Bernstein, Onyx

Klebe des Nachts an beide Ohren oder lege neben Dein Kopfkissen einen Bernstein und trage eine Bernstein oder Onyxkette.

Gelbsucht:

Koralle, Karneol, Magnesit

Trage einen Stein als Kette oder Anhänger.

Gelenkentzündungen:

Malachit, Achat, Chrysopras

Klebe mit Leukoplast einige kleine Steine auf die Gelenke, laß die Steine sechs bis acht Tage ununterbrochen an der Stelle.

Gereiztheit:
Aquamarin, Chalcedon

Trage den Stein als Kette. Massiere hinter Deinen Ohren. Wiederhole, so oft Du möchtest.

Geruchssinn:
Bergkristall, Malachit, Jaspis

Geschwüre:
Chrysokoll

Lege einen Stein auf oder neben die Problemzone. Klebe oder binde den Stein fest.

Gicht:
Malachit, Chrysopras, Topas (blau), Saphir

Nimm eine Schüssel und bereite ein Fuß- oder Handbad. Lege die Steine in die Schüssel. Gieße fast kochendes Wasser darüber und warte, bis das Wasser abgekühlt und angenehm warm ist. Bade Füße, Arme und Hände darin. Trage an Hand- und Fußgelenk Kettchen. Lebe Diät.

Gier:
Chrysopras

Trage eine Kette.

Gift:
Aventurin, Bergkristall, Hämatit, Topas

Sowohl körperlich als auch feinstofflich reinigen diese

Steine den Organismus und das Aurafeld. Zu jeder Fastenzeit solltest Du auch Dein Aurafeld reinigen. Lege, so häufig Du magst, Aventurin-Schmeichelsteine um Deinen Körper in Dein Aurafeld. Massiere mit einem der Steine den Bereich hinter Deinen Ohren. Reinige die Steine nach der Behandlung.

Gleichgewichtsstörungen:
Bergkristall, Magnesit, Diamant

Als Schmeichelstein in der Hand tragen.

Grippe:
grüner Turmalin, Smaragd, Amazonit

Trage die Steine als Anhänger oder Kette und bereite aus Smaragd ein Elixier. Trinke dreimal täglich zwei bis drei Schluck.

Gürtelrose:
Lapislazuli

Trage eine Kette um den Bauch. Massiere sanft die Problemzone.

Haar:
Turmalin, Bergkristall, Achat, Lapislazuli

Allgemein kräftigend.

Haarausfall:
Turmalin, Chrysokoll, Onyx

Haarprobleme sind oft Hormonstörungen. Im Einzelfall

arbeitet Dein Wurzelchakra nicht richtig. In seltenen Fällen liegt eine Vergiftung vor. Bei Hormonstörungen hat sich Turmalin sehr gut bewährt und sollte als Halskette getragen werden. Massiere mit einem der Steine Deinen Kopf, beginnend zwischen den Augenbrauen bis in den Nacken. Visualisiere dabei, wie Licht in jede Pore Deiner Kopfhaut dringt und ein Heilstrom über den Stein in Deine Kopfhaut einfließt.

Wenn Du magst, sprich jedesmal beim Massieren 12 mal den Gottesnamen „Schem Schel Geburah" (gespr.: Schemschelgeburah). Durch die Schwingung dieses machtvollen Namens werden die Blutkristalle mit Licht durchdrungen.

Halsschmerzen:

Lapislazuli, Bernstein, Aquamarin, Chalcedon

Trage den Stein als Kette oder Anhänger, jedoch nah am Kehlkopfchakra.

Hämorrhoiden:

Heliotrop, Achat, Beryll, Granat, Hämatit, Koralle

Lege einen dieser Steine täglich ca. 15 Minuten auf das Steißbein oder klebe ihn dort an. Trage eine Kette.

Haut:

Aquamarin, Amethyst, Bergkristall, Chalcedon

Trage eine Kette oder einen Anhänger.

Heiserkeit:

Chalcedon, Aquamarin, Lapislazuli

Trage eine Kette aus Chalcedon und lege unter Deine Achseln einmal täglich Lapislazuli oder Aquamarin.

Herpes:
Lapislazuli, Jade

Herz (Herzanfall vorbeugend):
Rosenquarz, Dioptas, Aventurin, Rhodochrosit, Aquamarin, Rhodonit, Chrysopras

Alle diese Steine beruhigen und kräftigen das Herz. Trage eine Kette, die bis zum Herzen reicht.

Herz (beruhigend):
Rhodochrosit, Aventurin, Rosenquarz

Herz (klopfen und rasen):
Hämatit, blauer Topas, Achat, Rhodochrosit, Rhodonit, schwarze Turmaline

Lege an Dein Herzchakra einen Kreis aus den oben genannten Steinen. Lege auf Dein Sakralchakra schwarze Turmaline und blauen Topas auf das Kehlkopfchakra. Trage eine Kette der angegebenen Steine. Trage und verwende auf keinen Fall Bergkristall.

Herzschwäche:
Smaragd, Achat, Bernstein, Rosenquarz

Trage einen Ring am kleinen Finger mit den angegebenen Steinen.

Herzschmerzen:
Smaragd, Turmalin, Aventurin, blauer Topas

Trage einen Anhänger an der Herzgegend. Massiere täglich die Fußreflexzonenpunkte. Trage einen Ring am kleinen Finger mit dem entsprechenden Stein.

Heuschnupfen:
Amethyst, Aquamarin.

Trage eine Kette; beginne im Februar-März, sie zu tragen.

Hexenschuß:
Malachit, Magnetit, Achat

Klebe auf die Problemzone Steine.

Hirnhautentzündung:
Achat

Der Stein kann bei einer Therapie unterstützend eingesetzt werden.

Hitzköpfigkeit - Hysterie:
(Cholerisches Temperament)
Chalcedon, Amethyst, Hämatit, Chrysopras, Lapislazuli

Trage eine Kette oder einen Schmeichelstein kurz am Hals.

Hormonstörung:
Turmalin, Bergkristall, Heliotrop, Jaspis, Kunzit, Mondstein, Chrysokoll

Trage einen Stein am Ringfinger und eine Kette. Lege abends vor dem Einschlafen einen Stein auf das dritte Auge (zwischen den Augenbrauen) und einen in den Nacken an den Haaransatz.

Husten:
Tigerauge, Bernstein, Malachit

Lege einen Stein auf Deine Bronchien und trage eine Kette, bis sich der Husten gelegt hat.

Immunsystem:
Smaragd, Turmalin, roter Jaspis, Bergkristall, Citrin

Lege, so häufig Du magst, in Dein Aurafeld Bergkristalle und roten Jaspis. Wähle mindestens 12 Steine. Bleibe ca. 15 Minuten liegen. Lege einen Citrin auf den Solarplexus und einen Rosenquarz auf Dein Herz. Trage in der anderen Zeit eine Kette. Laufe viel barfuß. Erde Dich! (siehe Erdung)

Impotenz:
Bergkristall, Feueropal, Chrysopras, Granat, Jaspis

Trage einen Schmeichelstein in der Hosentasche und lege auf alle Chakren den geeigneten Stein. siehe Chakra
Lege Dein Aurafeld mit Kristallen aus. Geeignet sind Bergkristallspitzen, wende sie alle mit der Spitze nach oben (s. Abb. S. 120), lege Jaspis auf Dein Schambein.

Massiere Deine Fersen. (**siehe Fußreflexzonenpunkte**)

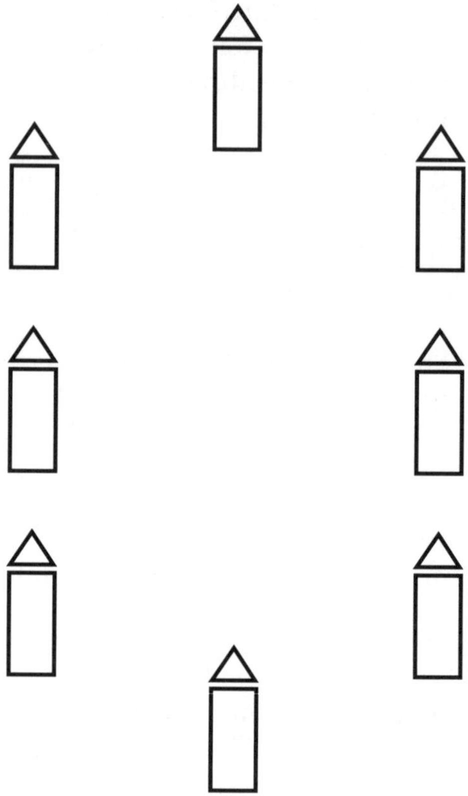

Infektion:

Malachit, Rhodochrosit, Bergkristall, Olivin, Bernstein

Bereite Dir ein Bergkristallelixier und trinke täglich 3 mal drei bis vier Schluck. Trage eine Kette oder einen Schmeichelstein.

Insektenstiche:

Lapislazuli, Jaspis, Achat, Chinin

Lege den Stein sofort nach dem Stich auf die Problemzone. Presse ihn ca. 10 Minuten gegen den Stich.

Intuition (mangelnde):
Azurit, Lapislazuli, Saphir, Amethyst, Bergkristall

Lege einen dieser Steine auf das dritte Auge (zwischen den Augenbrauen) und trage von einem der angegebenen Steine eine Kette.

Ischias:
Malachit, Magnetit

Klebe auf den Ischiasnerv mit Pflaster kleine Steine. Laß sie auch nachts an dieser Stelle. Wähle kleine Steine, die nicht drücken. Wenn Dir das zu unangenehm ist, trage eine Kette um die Taille. Lege einen Achat an Deine Füße (Fußende).

Jähzorn:
Chalcedon, Saphir, Chrysokoll

Juckreiz:
Malachit, Achat, Azurit

Kalte Füße:
Achat, Rauchquarz, Hämatit, Jaspis

Trage Fußkettchen und stelle Deine Füße häufig auf Achate oder Jaspis. Massiere täglich Deine Füße unter den Füßen bis zum Fußknöchel und weiter bis zu den Kniehöhlen mit Achat oder Jaspis.

Kältegefühl (allgemein):
Feueropal, Granat, Rubin

Kehlkopfbeschwerden:
Chalcedon, Lapislazuli

Keuchhusten:
Bernstein, Tigerauge, Aquamarin

Kinderängste:
Sodalith, Jaspis

Gib Deinem Kind einen Schmeichelstein oder einen Kettenanhänger. Massiere die Handgelenke mit einem der Steine. Laß das Kind mit dem Stein in der Hand einschlafen.

Knochenkrankheiten (allgemein):
weiße Koralle, Perle, Diamant

Knochenschmerzen (allgemein):
Magnetit, Chrysokoll, Rhodochrosit

Knochenschmerzen (Knie):
Onyx, Malachit

Massiere mit einem Onyx oder Malachit Deine Knie, besonders die Kniekehle.

Koliken:
Azurit, Malachit, Jade, Rubin, Magnetit, Saphir

Lege den Stein sofort auf die Problemzone. Wenn Du den Stein nicht halten kannst, klebe ihn mit Leukoplast fest. Reinige den Stein danach unbedingt.

Konzentrationsmangel:
Saphir, Azurit, Lapislazuli, Amethyst, Bergkristall, Tigerauge, Fluorit

Trage eine Kette oder einen Anhänger aus einem der genannten Steine.

Kopfschmerzen:

Amethyst, Hämatit, Smaragd, Saphir, Lapislazuli, Chalcedon, Aventurin

Kopfschmerzen können die verschiedensten Ursachen haben. Erforsche anhand folgender Sichtweisen, wo die Ursache liegen könnte:

1) Bist Du nicht genügend geerdet, - siehe Erdung - dann trage einen Hämatit als Kette um die Fußgelenke.

2) Hast Du tiefsitzenden Ärger oder unterdrückte Wut, dann trage Lapislazuli oder Chalcedon.

3) Stehst Du unter Streß, weil Du meinst, Deine Arbeit nicht schaffen zu können, oder stehst Du unter seelischem Leistungsdruck, dann trage Amethyst.

4) Hast Du Sorgen oder Geldprobleme, machst Du Dir zu viele Gedanken und redest nicht darüber, dann trage Saphir als Ring oder Kette.

5) Fühlst Du Dich einsam, hast Du das Gefühl, die Welt sei unbarmherzig, dann trage Rubin als Ring oder Kette.

6) Trägst Du zu viel Gold oder Brillanten, so blockierst Du damit Dein Energiesystem und erzeugst zuviel Yang-Energie; trage Amethyst.

7) Hast Du Vergiftungserscheinungen (Holz-, Linoleum-, Gase-, Asbest-), schaffe Dir viele Zimmerpflanzen an, besonders Drachenbaum. Er absorbiert 70% der Gifte. Trage außerdem Hämatit und Aventurin.

8) Achte auf Erdstrahlen! Wenn Störungen die Kopfschmerzen verursachen, trage Bergkristall.

Krampfadern:
Achat, Magnetit

Nimm eine Achatscheibe und massiere in kreisenden Bewegungen von den Füßen aufwärts bis zu den Waden. Führe diese Übung täglich fünf bis zehn Minuten aus. Lege an das Fußende Deines Bettes unter das Bettlaken einen Achat. Trage einen Magnetit- oder Achatanhänger.

Kraftlosigkeit:
Bergkristall, Rubin

Trage eine Kugelkette um den Hals. Lege Dein Energiefeld mit Bergkristall aus, führe diese Übung 2 - 3 mal pro Woche durch.

Krämpfe (Waden)**:**
Hämatit, Magnetit

Trage ein Fußkettchen um die Fußgelenke.

Kreativität (mangelnde)**:**
Karneol, Citrin

Anhänger oder Kette.

Krebs:
Rauchquarz, grüner Turmalin, schwarzer Turmalin

-Brustkrebs:
Turmalin, Achat

Trage eine Kette und lege eine Achatscheibe an die Brust.

-Leberkrebs:
Smaragd, Karneol

Krebs (vorbeugend):
Turmalin, besonders grün-rosa Turmalin, Azurit-Malachit, Smaragd, Lapislazuli

Kreislauf (regulierend):
Chrysopras, Granat, Karneol, rote Koralle, Rubin

Trage einen Schmeichelstein und eine Kette. Reinige den Stein alle 14 Tage.

Kurzsichtigkeit:
Saphir, Bergkristall

Trage häufig eine Bergkristallkugel in der Hand; Trage eine Kette aus beiden Steinen; massiere den Reflexzonenpunkt für die Augen.

Lampenfieber:
Amethyst, Bergkristall, Diamant

Trage einen kleinen Diamant am linken kleinen Finger oder wähle einen Schmeichelstein.

Launenhaftigkeit:
Smaragd, Bergkristall

Trage den Stein in der Hand oder als Anhänger.

Lebensfreude (mangelnde):
Rosenquarz, rosa Turmalin.

Trage die Steine als Kette.

Leber:
Karneol, Azurit, Malachit, Bernstein, Hämatit, Smaragd

Massiere täglich Deine Leber mit einem der Steine; klebe ihn auf die Problemzone. Trage eine Kette. Wenn Du magst, lege häufig Dein Aurafeld mit Hämatit und Bergkristall aus. Lege zusätzlich noch einen Smaragd auf die Leber.

Leidenschaft (übersteigerte):
Saphir, Amethyst, Achat

Lege an Dein Fußende unter das Laken einen Achat; massiere die Zonen hinter Deinen Ohren mit einem der Steine.

Leistungsdruck (geistiger):
Fluorit, Hämatit, Achat

Massiere Deine Stirn mit Fluorit.

Lege Dich zehn bis fünfzehn Minuten täglich in Kreuzform auf Dein Bett. Lege an Händen und Füßen je Achat oder Hämatit, auf die Stirn und in der Solarplexusgegend je eine Kristallspitze mit der Spitze nach außen.

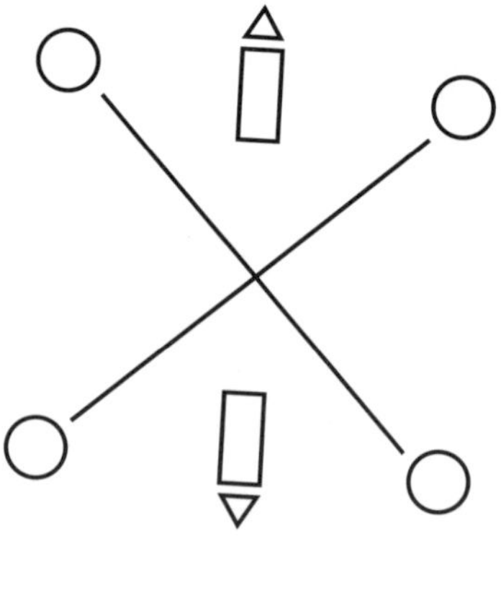

Lernschwäche:
Tigerauge, Smaragd, Fluorit, Bergkristall, Azurit

Lege einen der Steine auf den Schreibtisch und, wenn Deine Konzentration abnimmt, halte den Stein für ca. zehn Minuten in Deinen Händen.

Liebeskummer:
Rosenquarz

Luftröhre:
Chrysokoll, Chalcedon, Aquamarin

Trage eine eng am Hals liegende Kette (Anhänger).

Lungenentzündung:
Malachit, Magnetit, Chrysokoll

Lege drei Schmeichelsteine auf Deine Brust, einen mitten auf das Brustbein und zwei auf die Schlüsselbeine; so entsteht ein offenes Dreieck. Lege Achate an Deine Füße und reinige alle Steine alle zwei Tage.

Lungenerkrankungen (allgemein):
Rutilquarz, Bernstein, Tigerauge, Aquamarin, Chrysokoll

Trage den Stein als entsprechend lange Halskette oder Anhänger, damit der Lungenbereich erreicht wird.

Lymphe (Stauung, Reinigung):
Bergkristall, Koralle, Beryll, Smaragd, Sugilit

Trage einen Anhänger oder Kette. Lege in Dein Aurafeld Bergkristalltrommelsteine. Nimm ein Salzbad.

Magen:
Achat, Bergkristall, Citrin, Heliotrop, Malachit, Chrysopras

Lege einen der Steine direkt auf den Solarplexus. Tagsüber binde Dir den Stein mit einem Seidentuch fest. Nachts lege einen Achat auf den Magen und einen an die Füße. Bei Magengeschwüren verwende Malachit. Massiere mit einem der Steine den Fußreflexzonenpunkt.

Magersucht:
Azurit-Malachit, Turmalin, Achat

Trage die Steine als Kette.

Malaria:
Türkis, Bergkristall

Trage eine Kette aus beiden Steinen.

Mandeln:
Bernstein, Lapislazuli, Amethyst

Trage eine Kette oder Anhänger kurz am Hals.

Masern:
Turmalin, Malachit

Massiere 1 mal täglich Arme und Beine mit einem der Steine. Kinder sollten in der Einschlafphase mit einem Schmeichelstein spielen.

Mastdarm:
Hämatit

Trage Fußkettchen.

Meditation:
Bergkristall, Amethyst, Mondstein, Fluorit

Wähle einen Stein, zu dem Du Dich hingezogen fühlst und der sich schnell in Deiner Hand erwärmt. Stelle ihn während der Meditation vor Dich; einen kleineren Stein halte in der Hand. Atme gedanklich die Energie des Steines ein und empfinde, wie Du ruhiger wirst.

Melancholie:
Saphir, Rubin, Bergkristall, Lapislazuli, Chalcedon.

Trage den Stein als Kette.

Menstruation:
Amethyst, Lapislazuli, Mondstein, Achat, Chrysokoll

Zwei Tage vor Beginn der Menses trage eine Kette und lege des Nachts einen Achat auf den Bauch.

Migräne:
Amethyst, Bergkristall, Jade.

Migränekranke haben immer ein geschlossenes Scheitelchakra. Die Energie kann nicht genügend gut zirkulieren. Trage eine Kette aus Amethyst und lege in Dein Aurafeld Bergkristallspitzen nach dem auf S. 130 angegebenen Muster.

Massiere mit einem Amethyst die Kopfdecke und lege nachts Achat an Deine Füße. In seltenen Fällen verträgt ein Migränekranker keinen Amethyst, dann empfiehlt sich, Jade oder Bergkristall zu tragen.

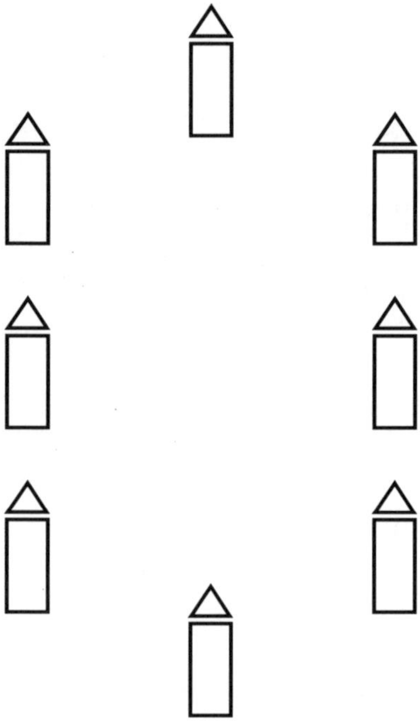

Milchbildung nach der Entbindung (mangelnde)**:**
Chalcedon

Milz:
Zirkon, Azurit, Hämatit, Chalcedon, Rhodochrosit

Trage eine Kette und lege, so häufig Du magst, einen Schmeichelstein auf die Milz.

Minderwertigkeitskomplexe:
Jaspis, Bergkristall, Sodalith

Trage eine Kette und lege eine Jaspisscheibe unter Dein Bettlaken in Höhe der Taille.

Mondsucht (Nachtwandeln):
Achat

Lege des Nachts einen Achat auf Deinen Solarplexus und einen an die Füße.

Müdigkeit:
Bergkristall, Amazonit, Rubin, Granat

Trage eine Bergkristallkette und bereite Dir ein Elixier. Verwende einen der Steine.

Multiple Sklerose:
Turmalin, Rhodochrosit

Trage ca. 1/2 Jahr eine Turmalinkette oder einen Kristall als Anhänger. Besorge Dir außerdem einen schwarzen Turmalin (Schörl) und massiere Deinen Körper, besonders Arme und Beine, mit diesem Stein. Reinige den Stein häufig. Nach ca. 1/2 Jahr wechsle und trage Rhodochrosit. Lege häufig einen rosa Turmalin auf Dein Herzchakra.

Mumps:
Achat, blauer Edeltopas

Halte mehrmals am Tag einen Stein hinter die Ohren. Lege ihn neben Dein Kopfkissen.

Mund (Fäule, Entzündung):
Bergkristall, Hämatit, Smaragd

Trage eine Hämatitkette und spüle mehrmals am Tag mit Smaragd- oder Bergkristallelixier Deinen Mund aus.

Mutlosigkeit:
Sodalith, Granat, Diamant

Trage den Stein als Ring oder Schmeichelstein.

Nackenbeschwerden:
Malachit, Achat

Trage eine Kette aus Malachit, bis die Probleme nachlassen. Massiere Deinen Nacken mit Malachit. Beginne bei den Ohren und gehe langsam in kreisenden Bewegungen von den Schultern bis zum Nacken. Lege nachts in Deinen Nackenbereich Achat.

Nägel (kauen)**:**
Turmalin, Bergkristall

Nägel (brüchig)**:**
Perle, Calcit, Onyx, Turmalin

Nägel (allgemein)**:**
Turmalin

Nasenbluten:
Saphir, Achat

Lege des Nachts für einige Zeit einen Achat in den Nacken oder neben Dein Kopfkissen. Trage eine Saphirkette oder Anhänger.

Nervenleiden:
Turmalin, Rhodochrosit, Chrysopras, Malachit, Bergkristall, Amethyst, Chrysokoll

Alle Steine wirken günstig auf die Nerven, wobei sich die angegebenen Steine besonders bewährt haben. Trinke über einige Zeit ein Bergkristallelixier.

Lege, so oft Du magst, Steine auf Deine Chakren (siehe Chakrentabelle) oder lege Deine Aura mit Bergkristallschmeichelsteinen, mindestens zwölf Steine, aus. Lege auf Deinen Solarplexus einen kleinen Smaragd und auf Dein Herzchakra einen Kreis aus Rosenquarztrommelsteinen. Lege an Deine Füße Achat.

Nervenzusammenbruch:

Citrin, Achat, Chrysopras, Diamant, schwarzer Turmalin

Trage eine Kette aus Citrin, lege einen Achat auf die Füße und lege einen schwarzen Turmalin auf Deinen Solarplexus.

Neurodermitis:

Aquamarin, Amethyst, Bergkristall

Bei Kindern hat sich besonders gut Aquamarin bewährt, bei Erwachsenen Amethyst mit Bergkristall. Reinige den Stein häufig.

Neurosen:

Chrysopras, Amethyst

Trage einen Chrysopras oder Amethyst als Schmeichelstein. Lege ihn häufig auf Deine Thymusdrüse.

Nieren:

Jade (Nephrit und Jadeit), Smaragd

Trage eine Kette um Deinen Bauch oder eine lange um den Hals. Massiere die Fußreflexzonenpunkte mit den Stein. Massiere Deine Nieren mit Jade.

Nierenkoliken:
Azurit

Wenn Du zu Nierenkoliken neigst, trage auf alle Fälle eine Jadekette; wenn eine Kolik beginnt, nimm sofort einen Azurit in die Hand und lege einen Achat an die Füße.

Ohnmacht:
Malachit, Türkis, Amazonit

Trage vorbeugend einen Handstein oder einen Anhänger. Massiere häufig die Zone Deines Haaransatzes.

Ohren (Gehör)**:**
Bernstein, Bergkristall, Jaspis, Saphir, Blauer Topas, Chalcedon

Ohren (Mittelohrentzündung)**:**
Saphir, blauer Topas, Bernstein, Chalcedon

Trage eine kurze Kette oder Ohrringe; massiere mit einem der Steine rund um Dein Ohr, lege neben das Kopfkissen einen Stein; massiere den Fußreflexzonenpunkt.

Ohrenerkrankungen (Sausen)**:**
Jaspis, Onyx

Pankreaserkrankung (Bauchspeicheldrüse)**:**
Citrin, Malachit, Jaspis

Trage den Stein als Kette; lege einen Citrin auf den Solarplexus.

Parkinsonsche Krankheit:
Rhodonit, Rhodochrosit, Fluorit

Trage eine längere Kette und reinige sie oft. Lege Deine Aura ca. 1 mal in der Woche mit Bergkristallen aus, nicht länger als zwanzig Minuten. Reinige die Steine danach.

Pessimismus:
Saphir, Rubin

Trage den Stein am Ringfinger. Erforsche, welchem Charakterbild Du entsprichst. Der Melancholiker trage Rubin, der Choleriker und Phlegmatiker Saphir.

Phantomschmerzen:
Bergkristall

Lege einen Bergkristall immer mit der Spitze nach außen an die Problemzone. Stelle einen mittelgroßen Bergkristall an Dein Bett; sollte die Energie des Steines Deinen Schlafrhythmus stark beeinträchtigen, unterbrich diese Maßnahme, um sie nach acht Tagen zu wiederholen, damit eine behutsame Eingewöhnung stattfinden kann.

Pigmentierung (zur Verbesserung):
Chrysokoll, Carneol

Trage den Stein als Kette.

Pilz (Fuß):
Malachit

Bereite Dir ein Elixier aus Malachit und bade die Füße in warmem Wasser 2 mal täglich.

Prostatabeschwerden:
Aventurin, Granat, Jaspis, Achat

Trage einen Stein bei Dir in der Hosentasche. Lege Dich in ein Energiefeld aus Aventurin und Bergkristallsteinen, so häufig Du magst.

Puls:
Moosachat, Magnetit, Malachit

Trage ein Armband oder lege einen Stein täglich einige Male auf Deinen Puls.

Rachenerkrankungen (allgemein)**:**
Aquamarin, Chalcedon

Trage einen kurzen Anhänger oder eine Kette.

Radioaktivität:
Rosenquarz, Bergkristall

Trage den Stein als Kette oder als Schmeichelstein jeweils in der rechten und in der linken Hand. Durch die Energie der Steine wird Radioaktivität absorbiert. Trinke viel grünen Tee.

Reisekrankheiten:
Bergkristall, Turmalin, Citrin

Trage den Stein in Deiner Hand oder als Anhänger.

Rheuma:
Malachit, Karneol, Chrysokoll, Bernstein, Smaragd

Lege auf die schmerzenden Stellen je einen Stein und trage eine Kette. Es ist günstig, ein Armband oder Fußkettchen zu tragen.

Rückenschmerzen:
Malachit, Hämatit, Smaragd, Amethyst

Lasse Dir Deinen Rücken sanft mit einem der Steine massieren. Mit kreisenden Bewegungen sollte der Wirbelsäulenbereich auf- und abwärts massiert werden; an den Problemzonen sollte die Massage etwas andauern.

Ruhelosigkeit:
Amethyst, Achat, Rosenquarz

Lege einen Achat auf den Solarplexus. Massiere Deinen Pulsschlag mit Amethyst. Halte Deine Pulsschlagader häufig unter fließendes Wasser.

Schilddrüsenerkrankungen:
Bergkristall, Turmalin, Amazonit, Chrysokoll, Chalcedon

Es ist günstig, vorbereitend eine Turmalinkette oder eine Bergkristallkette ca. zwei bis drei Monate zu tragen; danach mit Amazonit oder anderen Steinen wechseln.

Schlafstörungen:
Achat, Saphir, Amethyst

Lege einen dieser Steine auf Deine Thymusdrüse; lege Achate an Deine Füße.

Schlaganfall (Arteriosklerose)**:**
Rosenquarz, Rhodonit, Rhodochrosit, Diamant

Trage eine Kette aus einem der oben angegebenen Steine und einen Diamanten am kleinen oder Mittelfinger. Massiere den ganzen Fuß täglich mit Rosenquarz.

Schluckbeschwerden:
Chalcedon, Beryll

Massiere Deinen Oberkörper mit einem Stein und trage eine kurze Kette oder Anhänger.

Schmerzen (allgemein):
Amethyst, Jaspis, Malachit, Hämatit, Saphir

Massiere in kreisenden Bewegungen aber ohne Druck die schmerzende Zone; klebe oder binde einen kleinen flachen Stein auf die Stelle.

Schwäche (allgemein):
Hämatit, Rubin, Citrin, Koralle, Bergkristall

Trage einen Anhänger und bereite zusätzlich ein Bergkristallelixier. Nach der Vorbereitung des Elixiers lege auf die Abdeckung des Behältnisses (Glasscheibe oder Gaze) einen Rubin und stelle dann den Behälter in die Sonne.

3 mal täglich 2 - 3 Schluck; 14 Tage lang.

Schwangerschaft (Probleme):
Granat, Mondstein, Achat, Moosachat

Bei Kaiserschnitt, Frühgeburten oder Fehlgeburten eignet sich hervorragend Chrysokoll, der auf das zweite Chakra gelegt werden soll.

Schwangerschaft (zur Unterstützung):
Mondstein, Granat, Achat

Trage eine Granatkette; bereite ein Mondsteinelixier; trinke 3 mal in der Woche je 1 Schluck, wenn Deine Beine erschöpft sind, lege an das Fußende Deines Bettes Achat. Massiere Deine Beine mit Achat.

Schwangerschaftserbrechen:
Jaspis

Trage einen Jaspis als Anhänger.

Schwellungen (allgemein):
Achat, Bergkristall, Lapislazuli, Chrysopras

Lege den Stein auf die Problemzone.

Schwindelanfälle:
Bergkristall, Kunzit, Bernstein

Trage eine Kette. Lege auf alle Chakren Bergkristall und an die Füße einen Achat. Führe diese Übung 14 Tage täglich durch. Zur Harmonie Deiner Energiekörper lege einen Smaragd auf Deinen Solarplexus und einen Bergkristall auf Dein Herz und atme gedanklich Harmonie und Liebe ein.

Atme alles Dunkle und Schwere aus. Übe dies 10 Minuten, danach entspanne Dich und fühle, wie die Energie in Dir zirkuliert, wie alle Unausgeglichenheit von Dir abfällt.

Selbstbeherrschung (mangelnde):
Chalcedon, Saphir

Trage einen Anhänger oder eine Kette. Wiederhole, so oft Du magst, die Wortschwingung Ose Shalom (Ösa Shelom), Schöpfer des Friedens. Diese Schwingung in Verbindung mit Chalcedon oder Saphir erzeugt tiefen und kraftvollen Frieden, Besänftigung des Gemütes und Unterstützung der menschlichen Intelligenz.

Selbstmordgedanken:
Rauchquarz, grüner Jaspis

Trage eine Kugelkette und lege häufig drei dieser angegebenen Steine in Dreiecksform auf Deine Brust.

Selbstvertrauen (mangelndes)**:**
Rubin, Sodalith, Lapislazuli, Diamant, Citrin

Trage eine Kette oder einen Anhänger, oder lege täglich einen der Steine auf den Solarplexus.

Senilität:
Koralle, Granat

Trage den Stein als Kette.

Sodbrennen:
Achat, alle Jaspissorten

Lege einen flachen Stein auf Deinen Magen oder binde ihn mit einem Seidentuch fest.

Sonnenstich:
Chrysopras, Olivin

Trage den Stein als Anhänger oder Kette oder halte einen Handschmeichler in der Hand.

Speiseröhre:
Lapislazuli, Aquamarin, Chalcedon

Trage einen Anhänger kurz im Bereich des Kehlkopfchakras.

Stimmbänder (Problem)**:**
Chalcedon, Lapislazuli

Bereite ein Elixier aus Lapislazuli und gurgele täglich; trage einen Anhänger oder eine Kette.

Stoffwechselstörungen:
Rubin, Koralle, Feueropal, Granat, Saphir, Sodalith, Citrin

Trage einen Stein als Anhänger oder eine Kette. Massiere Deine Füße mit einem der Steine und trage einen Fingerring.

Stottern:
Chalcedon, Aquamarin

Trage den Stein unterstützend bei einer Therapie. Übe täglich Lichtmeditationen.

Süchte:
Amethyst, Kunzit, Rubin, Jaspis

Lege einen Stein während der Nacht an Dein Kopfende und klebe oder binde einen anderen an Deinen Solarplexus. Tagsüber trage einen Anhänger. Durch diese Steine erlangst Du Klarheit über Dich, Selbstvertrauen, und Dein Willenszentrum wird aktiviert, so daß der Wille und die Durchsetzungskraft aufgebaut werden, um gegen Deine Sucht anzutreten.

Traurigkeit (Trauer):
Rosenquarz, rosa Turmalin, Rubin

Lege einen kleinen Kreis aus 5 Steinen (Rosenquarz) um Dein Herzchakra. In die Mitte lege einen Rubin oder rosa Turmalin; bleibe 1/4 Std. so liegen und sprich:

„Ich bin ein Kind des lebendigen Gottes. Ich bin geborgen in seiner Liebe."

Tumor:
Magnetit, Saphir, Bergkristall

Massiere täglich 10 Minuten die betroffenen Zonen.

Unausgewogenheit:
Turmalin, Smaragd, Saphir, Rosenquarz, Lapislazuli, milchiger Bergkristall, Chalcedon

Besonders günstig ist es, Rosenquarzschmeichelsteine um den Körper ins Aurafeld zu legen, 1 - 2 mal pro Tag ca. 15 Minuten. Die Steine liegen ca. 2 - 3 cm vom Körper entfernt. Einen milchigen Bergkristall verwendet man zum Massieren der Nackenpartie bis etwa 1 - 2 cm über dem Haaransatz. Die Massage sollte in kreisenden, sanften Bewegungen in Uhrzeigerrichtung durchgeführt werden.

Unfruchtbarkeit:
Granat, Koralle, Mondstein, Rubin

Trage eine Kette.

Unruhe (innere):
Azurit, Malachit, Rhodochrosit, Olivin, Saphir, Kunzit, Rosenquarz

Massiere Deinen Solarplexus und Dein Herzchakra. Lege oder klebe einen Stein auf Deine Thymusdrüse (etwas oberhalb des Herzchakras) und einen auf jedes Schlüsselbein.

Unsicherheit:
Sodalith, Rubin, Citrin

Trage eine Kette oder einen Anhänger.

Venenerkrankungen:
Achat, Jaspis, Amethyst

Massiere täglich sanft in kreisenden Bewegungen Deine Venen und trage einen Handschmeichler bei Dir.

Vergeßlichkeit:
Saphir, Lapislazuli, Diamant, Azurit

Trage eine Kette oder einen Ring am kleinen Finger. Massiere Deine Stirn mit einem der Steine und lege hin und wieder eine viertel Stunde einen Stein auf Dein Stirnchakra (3. Auge) zwischen den Augenbrauen. Konzentriere Dich dabei auf diesen Punkt.

Vergiftungen:
Aventurin, Diamant, Bergkristall, Rhodochrosit

Trage eine Kette oder einen Anhänger, lege Deine Aura mit Bergkristallen (mindestens 12 Steine) aus. Reinige die Steine häufig.

Verstopfung:
Olivin, Citrin, Karneol, Jaspis, Smaragd

Trage eine Kette eventuell auch um den Bauch oder einen Stein, den Du häufig in die Hand nimmst.

Massiere Deine beiden Füße und die Fersen mit einem der Steine. Überprüfe Deine Ernährung.

Wachstumsstörungen:
Mondstein, Malachit

Trage einen Anhänger über der Thymusdrüse.

Wahnvorstellungen:
Fluorit, Amethyst, Chrysopras

Massiere Deinen Kopf mit einem der Steine; Lege, so häufig Du magst, einen Stein auf das Kehlkopfchakra und einen auf den Solarplexus. Bleibe jeweils 10 Minuten still liegen; wiederhole die hebräische Wortschwingung „Adonai" (Herr mein Gott).

Warzen:
Smaragd, Malachit

Bereite ein Elixier aus Smaragd, trinke 3 mal täglich davon 2 Schluck und massiere die Warzen mit Smaragd oder Malachit täglich 2 - 3 Minuten in kreisenden Bewegungen.

Willenskraft (mangelnde)**:**
Rubin, rote Koralle, Granat

Trage Ohrringe oder einen Anhänger.

Zähne (kräftigend, auch Zahnfleisch):
Weiße Koralle, Aquamarin, Bernstein

Trage eine Kette. Bereite ein Elixier zum Mundspülen.

Zähne (Zahnen):
Bernstein

Lege eine Bernsteinkette oder einen nicht zu kleinen Stein ins Bettchen. Lege dem Kindlein so einen Stein in die Hand, daß es ihn als „Kaustein" benutzen kann.

Zahnschmerzen:
Achat, Bernstein

Zeckenbisse:
Achat, Amethyst

Erwärme den Achat in der Sonne oder mit warmen Wasser und presse ihn auf die Bißstelle (5 Minuten).

Wiederhole dies, wenn nötig, 3 - 5 mal oder binde einen flachen Stein auf die Stelle.

Zittern:
Rhodonit, Botswana-Achat

Trage ein Armband und einen Handschmeichler in der Tasche; halte ihn, so oft Du magst, in der Hand.

Mineralogische Erläuterungen

von Peter Prüfer

Nun werden die Edelsteine aus der Sicht des Mineralogen dargestellt. Ziel dieser Darstellung ist es, daß der interessierte Leser eine erste Information für die Einteilung und Erkennung von Edelsteinen erhält. Dabei sind folgende Abgrenzungen zu beachten:

Es werden aus der Vielzahl der Edelsteine nur diejenigen aufgeführt, die auf den Vorseiten dieses Buches besprochen wurden. Es handelt sich hier also nicht um ein umfassendes Nachschlagewerk. Wem die in diesem Teil enthaltenen Informationen nicht ausreichen, dem sei entsprechende weiterführende Literatur empfohlen.

Für die jeweiligen Steine werden einige der physikalischen Eigenschaften aufgezeigt. Unter dem Begriff „Pseudonamen" werden nicht nur weitere Namen für den gleichen Stein angegeben, sondern auch in manchen Fällen der eigentliche, jedoch unbekannte Namen genannt.

Ein allgemeines Problem ist die Kennzeichnung der Farbe. Obwohl für die feinen Qualitäten der meisten Edelsteine bestimmte Farbvorstellungen vorhanden sind, so hält die Natur nicht nur feine und feinste Qualitäten bereit. Die einfacheren Qualitäten weichen dann oftmals in der Farbe erheblich von der Idealvorstellung ab, wodurch eine eindeutige Farbbeschreibung erschwert ist. Weiterhin ist eine Bestimmung eines Steines nur auf Grund seiner Farbe selten eindeutig möglich. Um einen Stein bestimmen zu können, müssen meist mehrere der physikalischen Größen wie Lichtbrechung, Doppelbrechung, Härte und Dichte gemessen werden.

Die Angabe der Mineralklasse enthält neben der Nummer der Klasse einen zusätzlichen Hinweis, unter welchem Begriff innerhalb der Klasse der Edelstein in der Fachliteratur zu finden ist. Dieser Hinweis ist mit dem Zeichen ➡ gekennzeichnet und entspricht der Bezeichnung der Abteilung.

Die meisten Edelsteine kommen an verschiedenen Stellen der Erde vor. Deshalb ist es nicht möglich, jeweils alle Vorkommen aufzulisten. Es werden lediglich die Länder genannt, in denen größere Vorkommen bekannt sind. Die Härte der Edelsteine wird nach der „Härteskala nach Mohs" bestimmt. Die Härte bekannter Edel- und Schmucksteine reicht von der Härte 3,5 bis 4 für den Malachit bis zur Härte 10 für den Diamanten. Die Härte hat für den täglichen Gebrauch der Edelsteine folgende Bedeutung: Weiche Steine können, wenn sie sehr häufig getragen werden, an der Oberfläche durch eine Vielzahl von kleinen Kratzern „blind" werden. Verantwortlich dafür ist der uns ständig umgebende Staub. Im Staub sind Anteile enthalten, die bis zur Härte 6,5 bis 7 reichen. Kommt ein weicherer Stein in häufige Berührung mit diesem Staub, so verursachen die harten Staubanteile bei jeder gegenseitigen Bewegung einen kleinen Kratzer. Nach einiger Zeit verliert der Edelstein dann seine hochglänzende Oberfläche.

Name: **Achat**

Mineralklasse: 4 ➡ Quarzgruppe ➡ Chalceldon i.w.S.

Kristallsystem: trigonal (mikrokristallin)

Farbe: verschiedene Farben. Häufig grau bis graublau, aber auch braune bis braungelbe Farbtöne treten auf. Kräftige Farben wie schwarz, rot, grün oder blau sind meist gefärbte Achate.

Härte nach Mohs: 6,5 bis 7

Spezifisches Gewicht in g/cm^3: 2,60 bis 2,65

Chemische Formel: SiO_2

Vorkommen: Der Achat wird an vielen Stellen auf der Erde gefunden. Mengenmäßig stehen Brasilien und Uruguay wohl an der Spitze. Besonders schön gezeichnete Achate werden aber auch in Deutschland (Raum Idar-Oberstein), Queensland (Australien) und in Botswana gefunden.

Verwendung: Aus Achat werden häufig Aschenbecher, Schalen, Mörser, Trommelsteine und Scheiben für die verschiedensten Zwecke hergestellt. Gefärbte Achate und die Varietäten Moosachat, Baumachat und Landschaftsachat werden gerne für Schmuckzwecke verwendet. Für die Herstellung von Gravuren und Gemmen wird der Lagenachat benutzt.

Name: **Amazonit** ist die grüne Varietät des Mikroklin.

Pseudoname(n): Amazonenstein

Mineralklasse: 8 ➡ Tektosilikate (Gerüstsilikate)

Kristallsystem: die Zuordnung ist nicht eindeutig, da der Amazonit einmal dem Orthoklas, dann ist das Kristallsystem monoklin, oder dem Mikroklin, dann ist das Kristallsystem triklin, zugeordnet wird. Die weiteren Angaben gelten unabhängig von der Zuordnung.trigonal (mikrokristallin)

Farbe: blaugrün bis grasgrün

Härte nach Mohs: 6 bis 6,5

Spezifisches Gewicht in g/cm³: 2,56 bis 2,58

Chemische Formel: $K[AlSi_3O_8]$

Vorkommen: Mikroklin kommt weltweit vor, jedoch nicht überall als Amazonit, und wird in der Glas- und Emailindustrie verwendet.

Verwendung: Der Amazonit (grüne Varietät des Mikroklins) wird Für Schmuckzwecke verwendet. Er wird zu Cabochons, Trommelsteinen oder Ketten verarbeitet. Zu den preiswerten Qualitäten zählen die blaugrünen Steine und jene, die mehr oder weniger weiße Einschlüsse haben.

Name: **Amethyst**

Mineralklasse: 4 ➡ Quarzgruppe

Kristallsystem: trigonal

Farbe: blaß-violett bis dunkel-violett. Die in kleinsten Mengen vorhandene farbgebende Substanz ist Eisen (Fe^{3+}). Die Farbe ist selten gleichmäßig im ganzen Stein verteilt. Durch Bewegen des Steines werden die meist deutlich sichtbaren Farbschattierungen erkennbar. Es handelt sich hierbei nicht um Pleochroismus (Mehrfarbigkeit). Durch Erhitzen auf ca 480°C verändert der Amethyst seine Farbe und wird gelb. (siehe Citrin)

Härte nach Mohs: 7

Spezifisches Gewicht in g/cm³: 2,63 bis 2,65

Chemische Formel: SiO_2

Vorkommen: Der Amethyst wird an mehreren Stellen der Erde gefunden. Besonders klare und auch besonders dunkle Qualitäten kommen zur Zeit meist aus Brasilien. Er kommt in Drusen vor, wobei meist nur die Spitzen der kurzprismatischen Kristalle eine intensive Färbung aufweisen. Doppelender sind relativ selten.

Verwendung: Klare Steine mit besonders intensiver Farbe werden meist facettiert und in Gold oder Silber gefaßt, mittlere Qualitäten werden zu Ketten und Trommelsteinen verarbeitet.

Name: **Aquamarin**

Mineralklasse: 8 ➡ Cyclosilikate (Ringsilikate)

Kristallsystem: hexagonal, meist lange Säulen

Farbe: farbgebende Substanz ist das Eisen (Fe^{2+}). Die Farben können schwanken von fast wasserklar bis zu einem kräftigen blau.

Härte nach Mohs: 7,5 bis 8

Spezifisches Gewicht in g/cm³: 2,63 bis 2,8

Chemische Formel: $Al_2Be_3[Si_6O_{18}]$

Vorkommen: Hauptfundgebiete sind Brasilien, Afghanistan und die afrikanischen Länder südlich des Äquators. Große Kristalle, die bis zu 100 kg schwer sein können sind schon gefunden worden. Gute Farben und klare Steine sind jedoch seltener.

Verwendung: Mindere Qualitäten werden zu Splitterketten verarbeitet während „fehlerfreie" Steine facettiert werden Für Schmuckzwecke.

Name: **Aventurin**

Pseudoname(n): Aventurinquarz

Mineralklasse: 4 ➡ Quarzgruppe

Kristallsystem: trigonal

Farbe: gelblicher, bräunlichroter, manchmal auch grüner Quarz mit glänzendem Schimmer. Der glänzende Schimmer wird hervorgerufen durch kleinste Einschlüsse von Hämatit, Glimmer oder Fuchsit (grüne Varietät des Glimmers — Chrom-Glimmer).

Härte nach Mohs: 7

Spezifisches Gewicht in g/cm³: 2,65

Chemische Formel: SiO_2

Vorkommen: Brasilien, Indien, GUS. Der Aventurin ist durch sein sehr ähnliches Erscheinungsbild leicht zu verwechseln mit dem Aventurinfeldspat, dieser hat jedoch eine Härte nach Mohs von 6 bis 6,5.

Verwendung: Aus Aventurin werden oft Kunstgegenstände, Cabochons, Trommelsteine und Ketten gefertigt.

Name: **Azurit-Malachit**

Mineralklasse: - -

Kristallsystem: - -

Farbe: dunkelblau (Azurit) und grün (Malachit)

Härte nach Mohs: - -

Spezifisches Gewicht in g/cm³: - -

Chemische Formel: - -

Vorkommen: An den meisten Kupfererz-Lagerstätten wird Malachit zusammen mit Azurit gefunden.

Verwendung: Besonders schöne Stücke werden zu Cabochons oder auch zu Scheiben verarbeitet, wobei die Bearbeitung durch die unterschiedliche Härte der beiden Mineralien nicht so ganz einfach ist.

Name: **Azurit**

Pseudoname(n): Kupferlasur

Mineralklasse: 5 ➡ Abteilung B (wasserfrei mit fremden Anionen)

Kristallsystem: monoklin

Farbe: dunkelblau

Härte nach Mohs: 3,5 bis 4

Spezifisches Gewicht in g/cm³: 3,7 bis 3,9

Chemische Formel: $Cu_3[OHCO_3]_2$

Vorkommen: Tsumeb in Namibia, Marokko, USA (Arizona), Zaire, Mexiko.

Verwendung: Azurit hat auf Grund seiner geringen Härte und seiner guten Spaltbarkeit keine besondere Bedeutung Für die Schmuckherstellung, weshalb er auch selten als Cabochon, Scheiben oder facettiert angeboten wird. Schöne Einzelkristalle, meist vergesellschaftet mit anderen Kupfermineralien, sind jedoch erhältlich.

Name: **Bergkristall oder Quarz**

Pseudoname(n): Kristall

Mineralklasse: 4 ➡ Quarzgruppe

Kristallsystem: trigonal. Stets sechsseitige Prismen.

Farbe: farblos bis weiß

Härte nach Mohs: 7

Spezifisches Gewicht in g/cm³: 2,65

Chemische Formel: SiO_2

Vorkommen: Quarz wird an vielen Stellen der Erde gefunden. Große Vorkommen sind bekannt aus Brasilien, Kanada, USA, Madagaskar. Zwillingsbildung und Doppelender sind relativ häufig. Ebenso sind Quarze mit Einschlüssen anderer Mineralien wie z.B. Turmalin, Rutil und Goethit anzutreffen. Die Oberfläche der Prismen ist meist deutlich horizontal gestreift.

Verwendung: Der Quarz wird im wesentlichen für technische Zwekke verwendet und nur ein Teil wird für mannigfaltige Gegenstände wie Schalen, Skulpturen, Kugeln und für Schmuckzwecke verwendet. Klare Kristalle, wie sie für facettierte Steine benötigt werden, sind selten. Meist sind nur die Spitzen klar. Quarze mit mineralischen Einschlüssen werden zu Cabochons und Ketten verarbeitet.

Name: **Bernstein**

Pseudoname(n): Amber (engl.), Succinit

Mineralklasse: 9 (organische Verbindungen) ➡ Harze

Kristallsystem: amorph

Farbe: alle gelben und braunen Farbtöne zwischen fast weiß bis fast schwarz, selten grün, blau oder rötlich.

Härte nach Mohs: 2 bis 2,5

Spezifisches Gewicht in g/cm³: 1 bis 1,1

Chemische Formel: - -

Vorkommen: Große Vorkommen sind bekannt aus der Ostsee besonders im Gebiet des ehemaligen Ostpreußen. Hier wird der Bernstein im Tagebau aus der blauen Erde gewonnen.

Verwendung: Der Bernstein wurde schon sehr früh zur Herstellung von Schmuck und Kultgegenständen verwendet. besonders begehrt sind Stücke, in denen Insekten eingeschlossen sind. Der Bernstein wird sehr gerne zu allen Arten von Schmuck verarbeitet. Klare durchsichtige Stücke sind relativ selten.

Name: **Carneol**

Pseudoname(n): Karneol

Mineralklasse: 4 ➡ Quarzgruppe

Kristallsystem: trigonal (kryptokristallin)

Farbe: orange bis braunrot

Härte nach Mohs: 6,5 bis 7

Spezifisches Gewicht in g/cm^3: 2,59 bis 2,61

Chemische Formel: SiO_2

Vorkommen: Indien, Brasilien. Durch Färben kann auch der Achat die Farben des Carneol annehmen.

Verwendung: Cabochons, Trommelsteine und Ketten.

Name: **Chalcedon** im engeren Sinne

Pseudoname(n): Diese Bezeichnung weist darauf hin, daß der Begriff Chalcedon als Oberbegriff für alle kryptokristallinen Quarze (Chalcedon im weiteren Sinne) als auch für die Bezeichnung einer Varietät innerhalb dieser Gruppe (Chalcedon im engeren Sinne) verwendet wird.

Mineralklasse: 4 ➡ Quarzgruppe

Kristallsystem: trigonal (kryptokristallin)

Farbe: weißgrau bis graublau. Oft in verschiedenen Farbtönen gebändert. Bläuliche Steine auch durchscheinend.

Härte nach Mohs: 6,5 bis 7

Spezifisches Gewicht in g/cm³: 2,59 bis 2,61

Chemische Formel: SiO_2

Vorkommen: Brasilien, Uruguay, Indien, Madagaskar. Der Chalcedon wird ähnlich wie der Achat als Ausfüllung von Geoden gefunden.

Verwendung: Besonders charakteristische Steine werden zu Ketten als auch zu Cabochons, die selteneren durchscheinenden Steine fast ausschließlich zu Cabochons verarbeitet.

Name: **Chrysokoll**

Pseudoname(n): Kieselkupfer, Kieselmalachit, Kupfergrün

Mineralklasse: 8 ➡ Cyclosilikate (Ringsilikate)

Kristallsystem: - -

Farbe: hellblau, blaugrün bis grün

Härte nach Mohs: 2 bis 4

Spezifisches Gewicht in g/cm³: 2 bis 2,2

Chemische Formel: $CuSiO_3$ + aq.

Vorkommen: GUS, USA, Chile, Zaire. Meist in Verbindung mit Malachit und/oder Azurit in vielen Kupfererz-Lagerstätten vorhanden.

Verwendung: Chrysokoll wird auf Grund seiner geringen Härte selten als Schmuckstein verwendet. Dagegen werden Mischungen von Chrysokoll mit Malachit und Türkis (Eilatstein) gerne zu Cabochons verarbeitet.

Name: **Chrysopras**

Mineralklasse: 4 ➡ Quarzgruppe ➡ Chalceldon i.w.S.

Kristallsystem: trigonal (kryptokristallin)

Farbe: hellgrün bis apfelgrün. Farbgebende Substanz ist Nikkel.

Härte nach Mohs: 6,5 bis 7

Spezifisches Gewicht in g/cm³: 2,59 bis 2,61

Chemische Formel: SiO_2

Vorkommen: Polen, Australien, Brasilien, Indien, in der Nähe von Nickelerz-Lagerstätten.

Verwendung: Der Chrysopras zählt zu den begehrtesten und damit zu den teuersten Chalcedonen i.w.S. Apfelgrüne Steine werden zu hochwertigem Schmuck und teuren Ketten verarbeitet.

Name: **Citrin**

Pseudoname(n): Im Handel wird der Citrin oftmals fälschlich als Topas bezeichnet. Folgende Handelsnamen sind noch üblich: Bahiatopas, Goldtopas, Madeiratopas, Palmiratopas, Rio Grande Topas.

Mineralklasse: 4 ➡ Quarzgruppe

Kristallsystem: trigonal

Farbe: natürliche Citrine blassgelb; gebrannte Citrine bis braungelb.

Härte nach Mohs: 7

Spezifisches Gewicht in g/cm³: 2,65

Chemische Formel: SiO_2

Vorkommen: Brasilien, Madagaskar, Spanien, GUS. Der meiste heute auf dem Markt befindliche Citrin ist „gebrannter Amethyst". Der Amethyst hat die Eigenschaft, bei Erwärmung auf Temperaturen über 465°C, seine Farbe zu verschiedenen Gelb- bis Braungelbtönen zu verändern. Diese Farbveränderung ist beständig. Natürlicher Citrin ist meist blassgelb und kommt recht selten vor.

Verwendung: Dunkle Citrine (gebrannte) werden zu Ketten, Cabochons, Trommelsteine und, wenn sie klar sind, zu facettierten Steinen verarbeitet. Helle (naturfarbene) Citrine werden als ganze Kristalle angeboten. Jedoch sind die Oberflächen meist nachgearbeitet, da die Kristalle ohne die horizontalen Streifen erst ihre ganze Schönheit zeigen.

Name: **Diamant**

Mineralklasse: 1 ➡ Semimetalle und Nichtmetalle ➡ Kohlenstoffgruppe

Kristallsystem: kubisch. Meist als Oktaeder kristallisiert.

Farbe: farblos, häufig mit kaum wahrnehmbarem Gelbton (farbgebende Substanz ist Stickstoff), selten in kräftigen Farben wie gelb, grün, rot, blau, schwarz. Durch Bestrahlen können kräftige Farben entstehen.

Härte nach Mohs: 10

Spezifisches Gewicht in g/cm^3: 3,52

Chemische Formel: C

Vorkommen: Südafrika, GUS, Zaire, Australien. Diamanten werden unter Tage in Kimberlit-Schloten oder aber in sekundären Seifen gewonnen.

Verwendung: Trübe und undurchsichtige Diamanten (Bort) werden in der Industrie als Besatz von Bohrern oder ähnlichen Werkzeugen verwendet. Klare und durchsichtige Steine werden für Sammler- und Schmuckzwecke verwendet. Besonders begehrt sind heute gute naturfarbene Steine. Klare Rohsteine als gut ausgebildete Oktaeder werden selten angeboten.

Name: **Dioptas**

Pseudoname(n): Kupfersmaragd

Mineralklasse: 8 ➡ Cyclosilikate (Ringsilikate)

Kristallsystem: trigonal

Farbe: grün

Härte nach Mohs: 5

Spezifisches Gewicht in g/cm^3: 3,3

Chemische Formel: $Cu_6[Si_6O_{18}] \cdot 6\,H_2O$

Vorkommen: Zaire, Namibia, GUS, USA. Große Kristalle selten.

Verwendung: Der Dioptas wird trotz seiner Schönheit sehr selten zu Schmuckzwecken verwendet. Dies liegt zum einen daran, daß dieser nur wenigen Kennern bekannt ist, zum anderen aber auch daran, daß wenige schleifwürdige Steine gefördert werden. Die meisten Stücke verschwinden als Mineralstufen in den Sammlungen.

Name: **Fluorit**

Pseudoname(n): Flußspat

Mineralklasse: 3 ➡ Einfache Chloride

Kristallsystem: kubisch. Häufig sehr gut ausgebildete Würfel. Oktaeder entstehen meist durch Abspalten der Würfelecken.

Farbe: fast alle Farben möglich, wasserklar jedoch selten. Die Transparenz reicht von undurchsichtig bis durchsichtig. Oft mehrere Farben oder auch Farbschattierungen in einem Stück.

Härte nach Mohs: 4

Spezifisches Gewicht in g/cm³: 3,1 bis 3,2

Chemische Formel: CaF_2

Vorkommen: Deutschland, England, China

Verwendung: Besonders aus China kommen zur Zeit große Mengen sehr schön gefärbter Fluorite. Diese werden zu schönen und großen Kunstgegenständen wie Schalen, Kugeln, Skulpturen und Scheiben verarbeitet. Obwohl es sich um einen recht weichen Stein handelt, werden in letzter Zeit auch Ketten aus diesem Material gefertigt. Da der Fluorit eine sehr gute Spaltbarkeit hat, müssen alle Dinge aus diesem Material sehr sorgfältig behandelt werden.

Name: **Granat** (hier wird der Pyrop angesprochen)

Pseudoname(n): Kaprubin, Böhmische Granate

Mineralklasse: 8 ➡ Nesosilikate (Inselsilikate)

Kristallsystem: kubisch

Farbe: Pyrop: blutrot bis schwarzrot
Weitere Glieder der Granatgruppe sind:

Almandin:	violettrot
Spessartin:	orangerot
Grossular:	klar bis grün
Hessonit:	braunorange
Tsavorit:	smaragdgrün
Melanit:	schwarz

Härte nach Mohs: 7 bis 7,5

Spezifisches Gewicht in g/cm³: 3,58 bis 3,8

Chemische Formel: $Mg_3Al_2[SiO_4]_3$

Vorkommen: Alpen, Indien, Australien, Böhmen. Die einzelnen Glieder der Granatgruppe bilden häufig Mischkristalle, d.h. daß selten Kristalle in der angegeben Formel gefunden werden. Dem folgend sind auch die Farbengrenzen zwischen den einzelnen Arten schwimmend.

Verwendung: Der Granat (Pyrop) ist seit jeher ein beliebter Schmuckstein. Obwohl Kristalle mit einem Gewicht von mehreren Kilo gefunden werden, sind große schleifwürdige Steine selten. Kleine Steine dagegen werden häufig genug gefunden, sodaß der Pyrop heute zu den preiswertesten Steinen innerhalb der Granatreihe zählt.

Name: **Hämatit**

Pseudoname(n): Blustein, Roteisenstein

Mineralklasse: 4 ➡ Abteilung C (R_2O_3 - Verbindungen)

Kristallsystem: trigonal

Farbe: stahlgrau bis eisenschwarz

Härte nach Mohs: 6,5

Spezifisches Gewicht in g/cm³: 5,2 bis 5,3

Chemische Formel: Fe_2O_3

Vorkommen: Viele Eisenerzlagerstätten führen auch den Hämatit. Als klassischer Fundort für guten Hämatit galt früher Chumberland in England. Heute sind große Fundstellen in Brasilien bekannt.

Verwendung: Neben der Eisengewinnung war der Hämatit für Kenner schon lange ein begehrter Schmuckstein. In den letzten Jahren kam jedoch sehr viel Material in relativ guten Qualitäten aus Brasilien auf den Markt. Dadurch zählt der Hämatit zu den wenigen Schmucksteinen, dessen Preis in den letzten Jahren einem starken Verfall unterlag. Heute besteht ein sehr großes Angebot an Hämatitschmuck, besonders an Ketten der verschiedensten Ausbildung, zu sehr günstigen Preisen. Auch Trommelsteine, Cabochons und Tiergravuren werden in großer Anzahl hergestellt.

Name: **Jade** (hier wird Jadeit angesprochen)

Pseudoname(n): Jade ist seit Tausenden von Jahren bekannt zur Herstellung von Waffen und Kultgegenständen. Im 19. Jahrhundert wurde nachgewiesen, daß es sich um zwei verschiedene, äußerlich jedoch sehr ähnliche Mineralien handelt, nämlich Jadeit und Nephrit. Heute wird der Begriff Jade als Oberbegriff für diese beiden Mineralien verwendet.

Mineralklasse: 8 ➡ Inosilikate (Kettensilikate)

Kristallsystem: monoklin (mikrokristallin)

Farbe: weiß bis grün, auch braun bekannt

Härte nach Mohs: 6,5 bis 7

Spezifisches Gewicht in g/cm³: 3,2 bis 3,3

Chemische Formel: $NaAl[Si_2O_6]$

Vorkommen: Birma, Ost-Turkestan, Japan

Verwendung: Jadeit wurde schon im Altertum, besonders im Fernen Osten, zu Waffen, Kultgegenständen und Schmuck verarbeitet. Auch heute kommen aus diesen Ländern oft wunderschöne Arbeiten aus diesem Material. Aber auch Ketten und Cabochons werden aus Jadeit (aber auch aus Nephrit) gefertigt.

Name: **Jaspis**

Mineralklasse: 4 ➡ Quarzgruppe ➡ Chalcedon i.w.S.

Kristallsystem: trigonal (kryptokristallin)

Farbe: von weiß über gelb, rot, braun, grün bis schwarz. Die Steine sind selten einfarbig, meist gestreift, wolkig, fleckig jedoch mit intensiven Farben. Nicht durchscheinend.

Härte nach Mohs: 6,5 bis 7

Spezifisches Gewicht in g/cm³: 2,59 bis 2,8

Chemische Formel: SiO_2

Vorkommen: Jaspis wird weltweit gefunden. Besonders schöne Steine kommen aus Indien, Afrika, Mexiko, Brasilien.

Verwendung: Cabochons, Trommelsteine und Ketten.

Name: **Koralle**

Pseudoname(n): Edelkoralle oder auch Namen, die bestimmte Farben beschreiben, z.B. Engelskoralle (zartrosa).

Mineralklasse: - -

Kristallsystem: - -

Farbe: weiß, alle Rottöne von zartrosa bis hin zum kräftigen dunkelrot, selten blau oder schwarz.

Härte nach Mohs: 3,5 bis 4

Spezifisches Gewicht in g/cm³: 2,6 bis 2,7

Chemische Formel: - -

Vorkommen: Korallen wachsen weltweit in fast allen Meeren. Seltener sind jedoch die Korallen in den begehrten Farben rot, blau und schwarz. An den Korallen wurde in den letzten Jahrzehnten regelrechter Raubbau getrieben, so daß sie heute durch das Artenschutzabkommen geschützt werden.

Verwendung: Aus Koralle wurden schon seit langer Zeit, besonders im Fernen Osten, Kunstgegenstände höchster Feinheit hergestellt. Ketten, Ringe und Anhänger sind auch heute noch beliebte Schmuckstücke, in die Koralle eingearbeitet wird.

Name: **Kunzit**

Pseudoname(n): Spodumen. Dies ist jedoch der Oberbegriff dieser Gruppe und umfaßt den Kunzit und den Hiddenit (gelb, grün).

Mineralklasse: 8 ➡ Inosilikate (Kettensilikate) ➡ Spodumen

Kristallsystem: monoklin

Farbe: lila, violett, rosa. Durchsichtig.

Härte nach Mohs: 6,5 bis 7

Spezifisches Gewicht in g/cm^3: 3,1 bis 3,2

Chemische Formel: $LiAl[Si_2O_6]$

Vorkommen: USA, Madagaskar, Südafrika, Brasilien. Große Kristalle häufig.

Verwendung: Der Kunzit ist als Schmuckstein wenig bekannt. Dies mag daran liegen, daß er durch seine vollkommene Spaltbarkeit sehr sorgfältig behandelt werden muß. Schon ein leichter Schlag kann den Stein beschädigen. Außerdem können die Farben mit der Zeit verblassen.

Name: **Lapislazuli**

Pseudoname(n): Lasurit, Lasurstein, Lapis

Mineralklasse: 8 ➡ Tektosilikate (Gerüstsilikate)

Kristallsystem: kubisch

Farbe: tiefblau bis blauviolett. Meist wolkig mit kleinen Farbunterschieden. Kanten schwach durchscheinend. Oft mit Pyriteinschlüssen (goldfarben). Einfachere Qualitäten haben weiße Calciteinschlüsse.

Härte nach Mohs: 5,5 bis 6

Spezifisches Gewicht in g/cm³: 2,4 bis 2,9

Chemische Formel: $Na_8[S\ (AlSiO_4)_6]$

Vorkommen: Afghanistan, Chile

Verwendung: Der Lapislazuli ist ein beliebter Stein für viele kunstgewerbliche Gegenstände sowie für alle Arten von Schmuck. Gute Qualitäten (gleichmäßiges, dunkles blau) sind recht teuer. Qualitäten mit weißen Einschlüssen können durch Färben aufgebessert werden.

Name: **Malachit**

Mineralklasse: 5 ➡ Abteilung B (wasserfrei mit fremden Anionen)

Kristallsystem: monoklin

Farbe: grün bis schwarzgrün. Fast immer mehrere Farbtöne in Form von Bändern oder Ringen.

Härte nach Mohs: 4

Spezifisches Gewicht in g/cm³: 4

Chemische Formel: $Cu_2[(OH_2) \mid CO_3]$

Vorkommen: Zaire, Namibia, Australien, Chile, USA und in den meisten Kupfererz-Lagerstätten. Ausbildung meist in traubigen, stalaktitischen Aggregaten. Kristalle relativ selten und meist nur klein.

Verwendung: Malachit ist ein beliebter Stein zur Herstellung mannigfaltiger Kunstgegenstände, aber auch für Ketten, Cabochons, Trommelsteine und Kugeln.

Name: **Mondstein**

Mineralklasse: 8 ➡ Tektosilikate (Gerüstsilikate)

Kristallsystem: triklin

Farbe: milchig trüber, leicht bläulicher Schimmer.

Härte nach Mohs: 6 bis 6,5

Spezifisches Gewicht in g/cm^3: 2,56 bis 2,58

Chemische Formel: $K[AlSi_3O_8]$

Vorkommen: Mikroklin kommt weltweit vor, jedoch selten als Mondstein. Besonders schöne Steine kommen zur Zeit aus Ceylon.

Verwendung: Der Mondstein wird fast ausschließlich zu Cabochons und Ketten verarbeitet, selten zu anderen Schmucksteinen.

Name: **Olivin**

Pseudoname(n): Peridot, Chrysolith

Mineralklasse: 8 ➡ Nesosilikate (Inselsilikate) ➡ Olivingruppe

Kristallsystem: orthorhombisch

Farbe: olivgrün bis gelbgrün. Durchsichtig. Da es sich bei der Olivin-Gruppe um Mischkristalle handelt, können, je nach FeO-Gehalt auch andere Farben (braun) auftreten.

Härte nach Mohs: 6,5 bis 7

Spezifisches Gewicht in g/cm^3: 3,3 bis ca. 4 (abhängig vom Eisengehalt)

Chemische Formel: $(Mg,Fe)_2[SiO_4]$

Vorkommen: Rotes Meer, GUS, Südafrika, Norwegen, Arizona.

Verwendung: Olivin wird, wenn es sich um gute Qualitäten handelt, fast ausschließlich zum Facettieren verwendet. Ketten aus Olivin sind selten.

Name: **Onyx**

Pseudoname(n): Schwarzer Achat

Mineralklasse: 4 ➡ Quarzgruppe ➡ Chalcedon i.w.S.

Kristallsystem: trigonal (kryptokristallin)

Farbe: schwarz, undurchsichtig

Härte nach Mohs: 6,5 bis 7

Spezifisches Gewicht in g/cm³: 2,59 bis 2,61

Chemische Formel: SiO_2

Vorkommen: Indien, Brasilien. Durch Färben kann auch der Achat die Farben des Onyx annehmen.

Verwendung: Cabochons, Trommelsteine und Ketten.

Name: **Opal**

Pseudoname(n): Edelopal, Feueropal

Mineralklasse: 4 ➡ Quarzgruppe

Kristallsystem: amorph

Farbe: Matrix durchscheinend, weiß über grau bis schwarz. Eingeschlossene Cristobalitkügelchen bewirken eine Zerlegung und Reflexion des auffallenden Lichtes. Der Opal leuchtet partiell in den Spektralfarben.

Härte nach Mohs: 5,5 bis 6,5

Spezifisches Gewicht in g/cm³: 2,1 bis 2,2

Chemische Formel: SiO_2+ aq.

Vorkommen: Australien, Mexiko, Brasilien. Die besten Vorkommen sind zur Zeit in Australien.

Verwendung: Die meisten Opale werden zu unregelmäßigen Cabochons verarbeitet. Aber auch Gravuren und hochwertige Ketten werden angeboten. Die Matrix poröser Qualitäten kann dunkel gefärbt werden, wodurch der Eindruck eines Schwarzopals entsteht.

Name: **Pyrit**

Pseudoname(n): Katzengold, Eisenkies, Schwefelkies

Mineralklasse: 2 ➡ C ➡ Sulfide (mit Metall/S $<$ 1:1)

Kristallsystem: kubisch

Farbe: ähnlich Gold oder Messing, undurchsichtig.

Härte nach Mohs: 6 bis 6,5

Spezifisches Gewicht in g/cm^3: 5 bis 5,2

Chemische Formel: FeS_2

Vorkommen: Pyrit kommt weltweit vor. Besonders schöne Kristalle kommen von der Insel Elba, aus Mexiko, Peru und den USA.

Verwendung: Pyrit wird an den großen Fundstellen wegen seines Schwefelgehaltes aber auch wegen seiner Beimengungen anderer Metalle abgebaut. Einzelne Stücke werden zu kleinen, rund facettierten Steinen verarbeitet und im Markasit- oder auch Pyritschmuck eingesetzt.

Name: **Rauchquarz**

Pseudoname(n): Rauchtopas. Schwarze Stücke werden Morion genannt.

Mineralklasse: 4 ➡ Quarzgruppe

Kristallsystem: trigonal. Stets sechsseitige Prismen.

Farbe: zartbraun bis schwarz. Die braunen Kristalle sind meist durchsichtig.

Härte nach Mohs: 7

Spezifisches Gewicht in g/cm^3: 2,65

Chemische Formel: SiO_2

Vorkommen: Rauchquarz wird an vielen Stellen der Erde gefunden. Große Vorkommen sind bekannt aus Brasilien, Kanada, USA, Madagaskar. Rauchquarze können Einschlüsse anderer Mineralien wie Rutil und Goethit haben. Die Oberfläche der Prismen ist meist deutlich horizontal gestreift.

Verwendung: Wird zu Ketten verarbeitet. Der Rauchquarz wird im wesentlichen für mannigfaltige Gegenstände wie Schalen, Skulpturen, Kugeln und für Schmuckzwecke verwendet. Klare Kristalle, wie sie für facettierte Steine benötigt werden, sind selten. Meist sind nur die Spitzen klar. Rauchquarze mit mineralischen Einschlüssen werden zu Cabochons und Ketten verarbeitet.

Name: **Rhodochrosit**

Pseudoname(n): Manganspat, Himbeerspat

Mineralklasse: 5 ➡ A ➡ Carbonate

Kristallsystem: trigonal

Farbe: tiefrot bis rosa oder himbeerfarben, oft mit hellen Streifen durchzogen.

Härte nach Mohs: 4

Spezifisches Gewicht in g/cm^3: 3,3 bis 3,6

Chemische Formel: $MnCO_3$

Vorkommen: Die Hauptvorkommen liegen heute in Argentinien. Kristalle in schleifwürdiger Qualität sind selten. In den 80er Jahren kamen sehr schöne Kristalle z.B. aus Namibia.

Verwendung: Der derbe, meist mit belebenden hellen Bändern durchzogene Rhodochrosit wird zu vielerlei Kunstgegenständen aber auch zu Cabochons und Kugeln verarbeitet. Trotz der geringen Härte ist er ein sehr beliebter Schmuckstein. Besonders gesucht sind facettierte Steine aus dunkelrotem, durchsichtigem Material.

Name: **Rhodonit**

Pseudoname(n): Mangankiesel

Mineralklasse: 8 ➡ D ➡ Inosilikate (Kettensilikate)

Kristallsystem: triklin

Farbe: fleischrot, rosenrot bis rotbraun. Meist mit schwarzen Flecken oder Bändern, schwach durchscheinend, selten durchsichtig.

Härte nach Mohs: 5,5 bis 6,5

Spezifisches Gewicht in g/cm³: 3,4 bis 3,7

Chemische Formel: $CaMn_4[Si_5O_{15}]$

Vorkommen: Madagaskar, USA, Kanada, Australien.

Verwendung: Aus Rhodonit werden vielerlei Kunstgegen stände wie Schalen, Gravuren, Kugeln und Scheiben hergestellt. Als Schmuckstein hat er wenig Bedeutung, weil er trotz seiner ruhigen Farben wenig bekannt ist. Verarbeitet wird er zu Cabochons und Ketten. Sehr selten findet man facettierte Steine.

Name: **Rosaquarz**

Pseudoname(n): Rosenquarz

Mineralklasse: 4 ➡ Quarzgruppe

Kristallsystem: trigonal. Selten Kristalle.

Farbe: blasrosa bis rosa. Trüb durchscheinend bis klar durchsichtig. Farbgebende Substanz sind feinste Rutilnadeln. Diese können, wenn der Stein als Cabochon geschliffen wird, einen Stern verursachen. Die Farben können verblassen.

Härte nach Mohs: 7

Spezifisches Gewicht in g/cm³: 2,65

Chemische Formel: SiO_2

Vorkommen: Rosaquarz wird an vielen Stellen der Erde gefunden. Große Vorkommen sind bekannt aus Brasilien und Madagaskar.

Verwendung: Der Rosaquarz wird im wesentlichen für mannigfaltige Gegenstände wie Schalen, Skulpturen, Kugeln und für Schmuckzwecke verwendet. Klare Steine, wie sie für facettierte Steine benötigt werden, sind sehr selten. Rosaquarze werden viel zu preiswerten Cabochons, Trommelsteinen und Ketten verarbeitet.

Name: **Rubin**

Pseudoname(n): Chromroter Korund

Mineralklasse: 4 ➡ Abteilung C ➡ Korund-Gruppe

Kristallsystem: trigonal

Farbe: hellrot, taubenblutrot bis dunkelrot. Farbgebende Substanz ist Chrom. Zusätzliche Beimengungen von Eisen können die Steine rotbraun erscheinen lassen. Eingelagerte Rutilnadeln erzeugen bei Cabochonschliff einen sechsstrahligen Stern (Sternrubin). Häufig innere Merkmale.

Härte nach Mohs: 9

Spezifisches Gewicht in g/cm^3: 3,9 bis 4,1

Chemische Formel: Al_2O_3

Vorkommen: Gemeiner Korund (meist grau bis schwarz und trüb) wird an vielen Stellen der Erde gefunden und für industrielle Zwecke verwendet. Bedeutende Fundorte für den Rubin (roter Korund) liegen heute in Ceylon, Birma und Siam.

Verwendung: Durchscheinende Rubine werden meist zu Cabochons verarbeitet, während klare, durchsichtige Stücke facettiert werden. Große facettierte Steine (über 3 Karat) sind sehr selten. Auf Grund seiner Härte und seiner leuchtenden Farbe ist der Rubin ein begehrter Schmuckstein.

Name: **Rutilquarz**

Pseudoname(n): Engelshaarquarz

Mineralklasse: 4 ➡ Quarzgruppe

Kristallsystem: trigonal. Stets sechsseitige Prismen

Farbe: farblos bis weiß, je nach Menge der eingelagerten Rutilnadeln gelb bis braun, durchsichtig bis durchscheinend.

Härte nach Mohs: 7

Spezifisches Gewicht in g/cm³: 2,65

Chemische Formel: SiO_2

Vorkommen: Rutilquarz kommt heute im wesentlichen aus Brasilien.

Verwendung: Der Rutilquarz wird wird für mannigfaltige Gegenstände wie Schalen, Skulpturen, Kugeln und für Schmuckzwecke verwendet. Klare Stücke, wie sie für facettierte Steine benötigt werden, sind selten. Besonders schöne Steine haben einen aus den Rutilnadeln gebildeten Stern. Rutilquarze werden zu Cabochons, Trommelsteinen und Ketten verarbeitet.

Name: **Saphir**

Pseudoname(n): Unter Saphir wird im allgemeinen der blaue Korund verstanden. Anders farbige Saphire (Korunde) werden mit ihrer Farbbezeichnung benannt; z.B. Gelber Saphir.

Mineralklasse: 4 ➡ Abteilung C ➡ Korund-Gruppe

Kristallsystem: trigonal

Farbe: hellblau, kornblumenblau bis dunkelblau. Farbgebende Substanz ist Eisen. Häufig zonare Farbverteilung und deutlicher Pleochroismus. Andere Beimengungen können die Steine von farblos über gelb, grün bis zu schwarz erscheinen lassen. Eingelagerte Rutilnadeln erzeugen bei Cabochonschliff einen sechsstrahligen Stern (Sternsaphir). Meist innere Merkmale.

Härte nach Mohs: 9

Spezifisches Gewicht in g/cm^3: 3,9 bis 4,1

Chemische Formel: Al_2O_3

Vorkommen: Gemeiner Korund (meist grau bis schwarz und trüb) wird an vielen Stellen der Erde gefunden und für industrielle Zwecke verwendet. Bedeutende Fundorte für den Saphir (blauer Korund) liegen heute in Ceylon, Birma, Kambodscha und Australien.

Verwendung: Durchscheinende Saphire werden meist zu Cabochons verarbeitet, während klare, durchsichtige Stücke facettiert werden. Große facettierte Steine (über 6 Karat) sind sehr selten. Auf Grund seiner Härte und seiner leuchtenden Farbe ist der Saphir ein begehrter Schmuckstein.

Name: **Smaragd**

Mineralklasse: 8 ➡ Cyclosilikate (Ringsilikate)

Kristallsystem: hexagonal, meist sechsseitige Säulen.

Farbe: farbgebende Substanz ist das Chrom. Die Farben können schwanken von hellgrün über grün bis hin zum smaragdgrün.

Härte nach Mohs: 7,5 bis 8

Spezifisches Gewicht in g/cm^3: 2,63 bis 2,8

Chemische Formel: $Al_2Be_3[Si_6O_{18}]$

Vorkommen: Hauptfundgebiete sind Kolumbien, Sambia und Brasilien. Große und klare Kristalle in guter Schmuckqualität sind sehr selten.

Verwendung: Die meisten auf dem Markt angebotenen Steine haben mehr oder weniger starke innere Merkmale. Ist der Stein gleichmäßig mit inneren Merkmalen versehen erhält er einen besonderen, leicht getrübten Charakter und man spricht von Seide. Um den häufig auftretenden, druckempfindlichen Spannungsrissen entgegen zu wirken, wurde der Smaragdschliff entwickelt. Mindere Qualitäten werden meist zu Ketten und Cabochons verarbeitet. Gute Farben werden auch dann zu facettierten Steinen und damit zu hochwertigem Schmuck verarbeitet, wenn deutliche innere Merkmale den Stein kennzeichnen.

Name: **Sodalith**

Mineralklasse: 8 ➡ Tektosilikate (Gerüstsilikate)

Kristallsystem: kubisch

Farbe: verschiedene meist dunkle Blautöne, welche von weißen Bändern und Linien durchzogen sind. Meist nicht durchscheinend.

Härte nach Mohs: 5 bis 6

Spezifisches Gewicht in g/cm³: 2,3 bis 2,5

Chemische Formel: $Na_8[Cl_2(AlSiO_4)_6]$

Vorkommen: Südafrika, Brasilien, Kanada. Der Sodalith wird in den verschiedensten Farben gefunden. Zur Verarbeitung gelangen fast ausschließlich die blauen Steine.

Verwendung: Aus dem Sodalith werden kunsthandwerkliche Gegenstände wie Schalen, Kugeln und Gravuren hergestellt, aber auch Cabochons, Trommelsteine und Ketten werden angeboten.

Name: **Tigerauge**

Mineralklasse: 4 ➡ Quarzgruppe

Kristallsystem: trigonal

Farbe: goldgelb bis braun gestreift. Auf gewölbten Flächen Katzenaugeneffekt. Undurchsichtig.

Härte nach Mohs: 7

Spezifisches Gewicht in g/cm³: 2,64 bis 2,7

Chemische Formel: SiO_2

Vorkommen: Tigerauge wird in Afrika, Australien, Indien und in den USA gefunden. Die Vorkommen sind meist plattenförmig, wobei die Platten mehrere Zentimeter stark sein können.

Verwendung: Das Tigerauge wird fast ausschließlich für mannigfaltige Gegenstände wie Schalen, Skulpturen, Kugeln und für Schmuckzwecke verwendet. Cabochons, Trommelsteine und Kugeln für Ketten sind beliebte Formen, weil hierbei der Katzenaugeneffekt am wirkungsvollsten ist.

Name: **Topas**

Pseudoname(n): Edeltopas, Gold- und Rauchtopas siehe Citrin.

Mineralklasse: 8 ➡ Neso-Subsilikate (Inselsilikate)

Kristallsystem: orthorhomisch

Farbe: von farblos über gelb, grün, blau bis rosee, jedoch meist in Pastellfarben. Durchsichtig. Kräftige Farben können bei starkem Tageslicht verblassen.

Härte nach Mohs: 8

Spezifisches Gewicht in g/cm^3: 3,5 bis 3,6

Chemische Formel: $Al_2[F_2SiO_4]$

Vorkommen: Bedeutende Fundstellen befinden sich in Brasilien, Afghanistan, Nigeria und Madagaskar. Weitere Fundorte sind weltweit zu finden. Der Topas bildet sehr große Kristalle in oft sehr guter Qualität.

Verwendung: Der Topas kann, wenn er blau ist, leicht mit dem Aquamarin verwechselt werden. Bei sonst ähnlichem Erscheinungsbild ist er aber im allgemeinen preiswerter als der Aquamarin. Große facettierte Steine von 30 bis 40 Karat und hoher Reinheit sind keine Seltenheit. beliebter Schmuckstein, wird auch als Ersatz für den Aquamarin verwendet.

Name: **Turmalin**

Namen der Turmaline:

Es gibt zwei Kriterien, den einzelnen Varietätendes Turmalins einen Namen zu geben. Das erste und auch ältere Kriterium ist die Farbe und das zweite die chem. Zusammensetzung. An sich wäre es analog zu anderen Mineralien richtig, die chem. Formel als Hauptkriterium zu nehmen. Durch die Kompliziertheit der Formel und auch durch die Möglichkeit der vielen Mischungsglie der erscheint es hier jedoch angebracht, sich auf die Namensgebung entsprechend der Farbe zu verständigen. Dies führt selbstverständlich zwangsweise zu Definitionsfragen, die individuell zu beantworten sind.

Mineralklasse: 8 ➡ Cyclosilikate (Ringsilikate)

Kristallsystem: trigonal (ditrigonal), meist lang gestreckte Kristalle

Farbe: Der Turmalin kommt in fast allen Farben von wasserklar bis schwarz vor. Farbige Stücke sind meist durchscheinend bis durchsichtig, der schwarze Turmalin ist undurchsichtig. Häufig sind mehrere Farben an einen Kristall vorhanden. Für die Farbvarietäten sind folgende Namen üblich:

Achroit:	klar, farblos
Indigolith:	blau
Rubellit:	rosa bis rot
Schörl:	schwarz
Verdelith:	hellgrün bis dunkelgrün

Härte nach Mohs: 7 bis 7,5

Spezifisches Gewicht in g/cm^3: 3 bis 3,25

Chemische Formel:

Für jede der Farbvarietäten bestehen unterschiedliche Formeln, die in den Endgliedern gleich sind. Da es sich um recht komplizierte Formeln handelt, wird hier auf eine Wiedergabe verzichtet. Hinzu kommt, daß es sich um eine Reihe von Mischkristallen handelt.

Vorkommen: Der Turmalin, besonders der Schörl, wird an sehr vielen Stellen der Erde gefunden. Die bedeutendsten Vorkommen für schöne große Kristalle mit kräftigen Farben kommen aus Madagaskar, Brasilien, Insel Elba und Afrika.

Verwendung: Der Turmalin ist schon seit langem als Schmuckstein bekannt, wenn auch in der Vergangenheit unter wechselndem Namen. Allgemein bekannt ist der grüne Turmalin, wogegen die anderen Farben erst in den letzten Jahren an Bedeutung gewonnen haben. Klare Steine werden facettiert, trübe Stücke oft zu Cabochons und Kugeln für Ketten verarbeitet.

...aus unserem Verlagsangebot:

„Öffnung der Seelentore"

Meditationen mit Ulrike Scharner

- **Licht- und Baum-Meditation**

  ca. 50 Minuten, MC

  In der Lichtmeditation öffnet sich der Meditierende für das kosmische Licht, welches seinen Körper wie ein Gefäß auffüllt und alle Körperorgane mit harmonisierenden, reinigenden und heilenden Schwingungen erfüllt. Im darauffolgenden Zustand des „Überfließens" können entweder durch Sammlung und Konzentration von Licht verstärkt in Problemzonen Selbstheilungskräfte aktiviert und Blockaden gelöst werden, oder die konzentrierte Lichtenergie wird an andere weitergegeben. Dies ist gerade deshalb eine sehr kraftvolle Übung, weil geordnetes Licht auf allen Ebenen als Informationsträger und -übermittler dient, auch auf der stofflichen und intermolekularen Ebene und auch dort ordnende Funktionen erfüllt. Die Lichtmeditation ist eine ausgezeichnete Übung am Morgen, die im Menschen zusätzliche Energien freisetzt und ihn für die Aufgaben des Tages vorbereitet und stärkt. So setzen sich auch in schwierigen Situationen positive Gedanken durch.

  Jeder Mensch hat eine geistige Führung, sein höheres Selbst. In der Baum-Meditation wird der Meditierende zu „seinem Baum" geführt, der ihm Ruhe, Entspannung, Frieden und Stärke vermittelt. Dort stellt er die Verbindung zu seinem höheren Selbst her. In diesem Zustand kann er z.B. Lösungen für schwierige Problemsituationen finden, die er in Form von Bildern und Symbolen wahrnimmt. Auch in dieser Meditation erfüllt heilende Lichtenergie alle Körper.

● **Delphin-Meditation**
ca. 50 Minuten, MC

Die Delphin-Meditation weist den Meditierenden mit dem Delphin als Führer in einen tiefen Entspannungszustand, der über das Herzchakra eingeleitet wird. Und aus der Weite des Unterbewußtseins erwachsen Heiterkeit und Liebe, die Gefühlsblockaden auflösen.

☞ zu beziehen bei:

Verlag Asinel
Kaiserstraße 23
D-31785 Hameln
Telefon: 0 51 51 - 95 92 92
Telefax: 0 51 51 - 95 92 93

...oder in Ihrer Buchhandlung